理論とケースで学ぶ
財務分析

コンサルタント・公認会計士
金子智朗
Kaneko Tomoaki

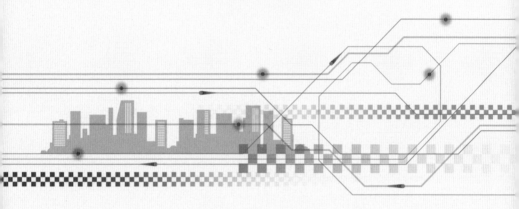

同文舘出版

はじめに

　財務分析は，ナントカ利益率やナントカ回転率など，さまざまな指標を使って会計情報を読み解くものです。したがって，多くの指標が登場します。指標とは数式です。本書も，簡単に言えば，これらの指標，数式を紹介する本です。

　それを「理論」と「ケース」の両面から学ぶことを狙いとしています。

　ここで言う「理論」とは，数式の意味です。本書はここにこだわりを持っています。なぜならば，数式の意味を理解せずに計算しても，それこそ何の意味もないからです。

　財務分析の実務において非常によく見受けられるのが，数式の意味を理解しないままただ丸暗記をし，暗記した数式に機械的に数字を当てはめ，機械的に計算するという使い方です。

　学生時代の数学もそうです。数学が苦手な人に限って，試験前に意味も分からず公式を覚えまくり，機械的に数字を当てはめてとにかく答えを出すということをやります。しかし，そのようなやり方で数学の試験結果がよくなることはまずありません。公式の使いどころも，その公式を使うための前提条件も理解していないからです。

　逆に，数学が得意な人は意外なほど数式を覚えていません。「覚えようとしていない」と言った方がいいかもしれません。意味を理解していれば，式は自ずと出てくるからです。意味を理解しているので使い方も適切です。

　そもそも，財務分析は制度モノではありません。この前提は重要です。制度モノではないので，指標が一律に決まっているわけではないのです。

　たとえば，ROAという指標は少なくとも4つの式が存在します。実際，

書籍によって定義式はまちまちです。そして，まずろくな説明がされていません。筆者は，会計のことなど何も知らないサラリーマン時代に，ROAを計算する際にどの式を使ったらいいのか大いに迷ったことがあります。

　唯一の正解はありません。すべて正解なのです。しかし，意味が違うのです。ですから，分析者が分析目的に応じて式を使い分ける，場合によっては式を修正するというようなことが財務分析においては必要なのです。

　それにもかかわらず，1つの式だけが断定的に書かれている書籍が多いのは，書いている著者自身が式の意味を理解していないからなのかもしれません。

　ですから，本書は式の意味にとにかくこだわりました。式の意味にこだわり，式の意味を可能な限り説明しているのが本書の特徴の1つです。

　その上でのケーススタディです。

　ケーススタディで重要なのは，仮説を立てることです。知っている財務指標を片っ端から計算して，きれいなグラフを作って眺めたところで，そこから気の利いたことが何か言えるということはまずありません。仮説なくして分析はありません。仮説を検証するために分析すると言ってもいいでしょう。

　本書のケーススタディも，筆者の仮説に基づいています。したがって，事実とは異なることもあるとは思いますが，そこはご容赦いただければと思います。

　ただ，何らかの指標がそうなっている本当の理由は誰にも分からないことがほとんどだと思います。おそらく当事者も分かっていません。だからこそ，仮説を立てることが重要ですし，仮説を立てざるを得ないのです。仮説であっても，何らかの理由付けをしなければ，改善のしようもありません。

　最後になりましたが，本書の出版でお世話になった同文舘出版の青柳裕之氏にお礼申し上げます。また，ケースで取り上げさせていただいた各企業およびその関係者の方々に感謝するとともに，筆者の一方的な解釈に基づく内容についてはご容赦いただければ幸いです。

　2020年5月

コンサルタント・公認会計士

金子　智朗

第3章　収益性分析

第4章 安全性分析(1) ~静態的分析~

第5章 安全性分析(2) ~キャッシュ・フロー分析(動態的分析)~

第6章　安全性分析(3) ～回転期間～

第7章　生産性分析

第8章　株主関連指標

理論とケースで学ぶ財務分析

第1章

財務分析を始める前に

財務分析の話に入る前に，いくつか確認しておくべきことがあります。これらは，財務分析をよりよく理解する上での前提となるものですので，まずはしっかり理解しておきましょう。

1　式の意味を理解する

　「はじめに」でも強調したように，財務分析ではいろいろな指標の数式を単に覚えるだけでは意味がありません。**重要なことは，「式を覚えること」ではなく，「式の意味を理解すること」**です。

　式の意味を理解することが重要なのには，いくつか理由があります。

　まず，覚えようとしてもどうせ忘れます。意味も理解せず，機械的に暗記しただけの式は，それこそすぐに忘れます。逆に，**意味を理解していると，覚えようなどと思わなくても，自然と数式が頭に残ります**。その場で式を再現できると言ってもいいでしょう。

　また，式の意味を理解することは，オリジナルの指標を作る際にも必要です。

　本書では，一般的によく使われる指標を可能な限り網羅的に説明しますが，このような出来合いの指標だけで事足りるとは限りません。**出来合いの指標で足りない場合は，自らオリジナルの指標を作る必要があります**。

　たとえば，業種，経営課題，分析目的などによっては，出来合いの指標だけではうまく分析できないことがあります。実際，業種によってはその業種特有の指標が存在します。

　オリジナルの指標は，式の意味を理解できないと作れません。そのためには，日頃から式の意味を考える訓練をしておく必要があります。

　上記のような理由から，本書では式の意味を理解することを重視しています。財務分析で出てくる式はほとんどが簡単な分数式です。その式の意味を理解するポイントは，分母と分子の対応関係，整合性を考えることです。そうすれば，なぜそのような式になっているのかが理解できるように

なってきます。さらに，巷で使われている式の中には，実は全く意味のない計算をしているものがあるということにも気付くようになってきます。

2　財務分析は "制度モノ" ではない

　式の意味を理解することが重要であるもう1つの理由は，そもそも覚えてもしようがないからです。それは，**財務分析は "制度モノ" ではない**からです。

　財務分析は "制度モノ" ではないということは，財務分析を学ぶ大前提として，まず明確にしておく必要があります。

　財務分析は財務諸表に記載されている会計情報をいろいろな指標を通して見るものです。会計というと，どうしても「制度で決まっているもの」という印象が強いものです。そのため，財務分析で用いる各種指標も「制度か何かで一律に決まっている」と思いがちです。

　しかし，財務分析は制度モノではありません。あくまでも「分析」ですから，制度で一律に決まっているようなものではないのです。一律に決まっていないために，**同じ指標でも複数の定義式が存在する**のです。

　この大前提を明確にしておかないと，混乱させられます。「はじめに」でも述べたように，筆者自身が混乱させられたことがあります。

　筆者は，元々一般の事業会社に勤めていました。当時は会計のことなどよく知りません。そんな私が，仕事でROAという指標を計算する必要が生じました。何も知らない私は本を調べたわけですが，見る本によってROAの定義式が違うのです。そして，ろくな説明もないまま，どの本もそれらをROAと言っているのです。

　何も知らない私は，一体どれが正しいのだろうかと随分と悩まされました。結局，よく分からないまま適当な式を使って計算しました。

　ここでは，まず，「どれが正しいのか」という目線が間違っています。制度モノではないので，「どれが正しいのか」という唯一の正解を探そ

3

とすること自体が間違っているのです。

ROAという指標は，少なくとも4つの定義式が存在します。正解・不正解で言えばどれも正解なのです。どれも正解ですが，各式の表す意味が違うのです。

したがって，**分析者が分析目的に応じて複数の定義式を使い分ける必要がある**のです。それが分析というものです。

意味が異なる複数の定義式が存在するわけですから，意味を理解せずに丸暗記しても適切に使うことができません。

3 財務分析の基本スタンス

複数年度を計算する

財務分析の基本スタンスについても確認しておきましょう。

まず，単年度だけの分析ではなく，4～5年にわたる複数年度を分析するのが基本です。有価証券報告書であれば2期分掲載されていますので，隔年度の有価証券報告書2部を使えば4期分の時系列分析ができます。

なぜ，複数年度の分析をするべきかというと，まず，時系列での変化が分かるということがあります。また，**単年度だけの計算では，その数値がその年度に固有の突発的な現象なのか，その企業の体質と言えるものなのかが分からない**ということがあります。突発的なことをその企業の体質だと捉えてしまうと，とんでもない誤解につながりかねません。

ただし，以下のような場合は，年度間で会計情報の連続性が保たれていませんので，複数年度を計算する場合には注意が必要です。

まず，会計期間の変更があった場合です。この場合は，会計年度を変更した年度が12ヵ月に満たないはずなので，その年度の損益計算書が過少に見えます。このような場合は，12ヵ月に換算する必要があります。

大きなM&Aがあった場合も要注意です。この場合は，貸借対照表も損

益計算書も大きく変化します。そもそも大きなM&Aの後では，従来の企業とは別の企業になったとも言えますから，何らかの修正をするか，もしくは比較対象から除外する方がいい場合もあります。

さらに，会計基準を変更した場合も要注意です。最近は，IFRS（国際財務報告基準）（第2章5参照）を任意適用する企業が増えていますので，会計基準の変更は十分に起こり得ます。会計基準が変われば会計情報の連続性は保たれません。たとえば，日本基準からIFRSに変更しただけで，当期純利益が10倍になるというようなことは十分にあり得ます。

会計基準の変更があった場合は，現実的な範囲で会計基準間の差異を調整するか，以前の会計基準を採用している年度は分析対象から除外する等の対応が必要になります。

会計基準の違いについては，他社との比較分析を行う場合も問題になります。この場合も単純に比較するのは危険ですので，やはり現実的な範囲で会計基準間の差異を調整するのがいいでしょう。

グラフにする

些細なことかもしれませんが，計算結果はグラフ化するのが基本です。

ところが，役員会等でよく見受けるのが，数字が羅列された大量の資料です。このような数字の羅列を見せられても，役員の方は良いも悪いもすぐに分かりません。

分析結果を見る人の立場に立てば，重要なのは細かい生の数字ではなく，大局的な傾向です。それをパッと見て分かるのはグラフです。グラフ化されていれば，たとえば他社との違いが大きく違うのか，少しの違いなのかという違いの程度も，視覚的にすぐ分かります。

細かい生の数字は，必要に応じて分かるようになっていれば十分であることがほとんどです。

仮説なくして分析なし

「財務分析をしました」と言って見せられる資料でありがちなのが，いろいろな指標がたくさん計算されている資料です。きれいなグラフがたくさん並んではいますが，だから何なのかという説明がほとんどないのです。

グラフ化することは重要ですが，きれいなグラフをたくさん並べてみても，そこから自動的に何かが分かるということはまずありません。

財務分析で重要なのは仮説を立てることです。仮説とは，なぜそのようになるのかという理由です。それは問題意識と表裏一体です。**仮説がなければ，いくら分析したところで何も見えてきません。**財務分析は仮説とワンセットです。

仮説が先で，それを検証するために財務分析をすると言ってもいいぐらいです。実際には，それなりに分析結果を眺めてみないと仮説も出てこないとは思いますが，内情をよく知っている企業，特に自社のことであれば，仮説を先に立てることは可能でしょう。

仮説はあくまでも仮説ですから，事実と合っているかどうかはさほど重要ではありません。そもそも，ある財務指標がなぜそのような数値になるのか，当事者でさえもその理由はよく分からないでしょう。**重要なことは，仮説がロジカルかどうかです。**

仮説はその企業の改善機会につながります。「ある財務指標が悪いのは，おそらく××が原因ではないか？」という仮説が立てられれば，その原因をつぶせば財務指標が改善することが期待できます。そのとき，その仮説がロジカルであるほど，財務指標が改善する可能性は高まります。逆に，財務指標と仮説がロジカルに結び付いていなければ，その仮説を実行したところで，財務指標が改善するのはまぐれか偶然以外あり得なくなります。

4 財務分析の切り口

　人にはいろいろな側面があります。人をある一面から見ているだけでは，その人の本当のところを見誤ったり，隠れた性質を見落とすことになりかねません。

　たとえば，非常に性格が良さそうだったから採用してみたら，仕事の能力はさっぱりだったとか，恐そうでとっつきにくそうな上司だったけれど，思い切って懐に飛び込んでみたら，面倒見のいい気さくな上司だったとかということは，しばしばあることです。

　同じように，企業にもさまざまな側面があります。したがって，財務分析をする際はいろいろな切り口から見る必要があります。

　本書では，以下の5つの切り口で財務分析を分類します。

① 収益性
② 安全性
③ 生産性
④ 成長性
⑤ 株主関連指標

　それぞれの意味は以下の通りです。

　収益性とは儲けの程度です。儲けの程度とはプラスアルファの程度です。それは要するに**利益の程度**です。ですから，本来は「利益性」というべきところです。実際，英語では収益性のことはprofitabilityと言います。これは言うまでもなくprofit（利益）に対する言葉ですから，直訳すれば利益性です。

　安全性とは，元々は「**倒産に対する安全性**」ということです。倒産とはキャッシュがなくなる現象ですから，具体的には**キャッシュの支払能力**を問題にします。

利益があるからと言って手元にキャッシュがあるとは限りませんから，収益性と安全性は必ずしも一致しません。

生産性は，日常的にもよく使われる言葉です。「生産性をもっと上げなさい」というようなことは職場でもよく耳にするのではないでしょうか。しかし，いざ正確な意味となると怪しい人が多いかもしれません。

生産性とは，**経営資源の活用度合い**です。経営資源にはいろいろありますから，実は生産性にもいろいろあります。代表的な経営資源は，よく言われるヒト・モノ・カネです。少なくともこれらに対する3つの生産性が存在します。ヒトに対しては**労働生産性**，モノに対しては**設備生産性**，カネに対しては**資本生産性**といいます。

成長性は，売上高や利益などがどれだけ伸びているのかということです。これについては特に問題ないでしょう。

最後の**株主関連指標**は，株主に対してどれだけ経済的還元をしているかの指標です。「会社は株主のものである」という会社の原点に立てば，この指標は重要な指標と言えます。

財務諸表の基本的構造

財務分析に入る前に，もう１つ確認しておきましょう。それは財務分析の対象である財務諸表，いわゆる決算書についてです。

　適切に分析するためには，まずは分析相手のことを理解しておく必要があります。その理解は，各種指標の計算式の意味を理解するためにも必要不可欠です。

　本章では，財務分析に必要となる範囲で財務諸表の内容について解説します。財務諸表の内容と言っても，細かいことはほとんど必要ありません。財務分析は企業の財務状況を大局的に捉えるものですから，財務諸表についてもその構造を大局的に理解することが重要です。

1 なぜ貸借対照表と損益計算書か

知りたいのは財産の増減

　財務諸表と言えば，メインになるのは**貸借対照表**（Balance Sheet: B/S）と**損益計算書**（Profit & Loss Statement: P/L）という２つの表です。まずは，実際の貸借対照表と損益計算書を見てみましょう。

　図表2-1はキリンホールディングスの連結貸借対照表と連結損益計算書です。（ここでは，いずれにも「連結」が付いていますが，それについては後ほどあらためて説明することにして，ここではとりあえず置いておきましょう。）

図表2-1　キリンホールディングスの連結財務諸表（2016年12月期）

(a)　連結貸借対照表

（単位：百万円）

資産の部		負債の部	
流動資産		流動負債	
現金及び預金	58,990	支払手形及び買掛金	135,801
受取手形及び売掛金	393,500	短期借入金	89,934
商品及び製品	135,335	コマーシャル・ペーパー	45,000
仕掛品	25,229	未払酒税	80,513
原材料及び貯蔵品	47,045	未払法人税等	21,162
繰延税金資産	30,179	賞与引当金	7,911
その他	63,313	役員賞与引当金	228
貸倒引当金	△5,445	未払費用	119,154
流動資産合計	748,148	その他	150,675
固定資産		流動負債合計	650,382
有形固定資産		固定負債	
建物及び構築物（純額）	216,422	社債	194,994
機械装置及び運搬具（純額）	231,427	長期借入金	318,712
土地	159,008	繰延税金負債	49,348
建設仮勘定	52,371	役員退職慰労引当金	249
その他（純額）	45,973	退職給付に係る負債	67,390
有形固定資産合計	705,204	その他	121,007
無形固定資産		固定負債合計	751,700
のれん	228,983	負債合計	1,402,082
その他	172,927	純資産の部	
無形固定資産合計	401,910	株主資本	
投資その他の資産		資本金	102,045
投資有価証券	396,057	資本剰余金	2
退職給付に係る資産	9,432	利益剰余金	629,024
繰延税金資産	30,830	自己株式	△2,126
その他	61,800	株主資本合計	728,945
貸倒引当金	△5,216	その他の包括利益累計額	
投資その他の資産合計	492,904	その他有価証券評価差額金	60,170
固定資産合計	1,600,018	繰延ヘッジ損益	△1,170
資産合計	2,348,166	土地再評価差額金	△1,959
		為替換算調整勘定	△86,607
		退職給付に係る調整累計額	△18,716
		その他の包括利益累計額合計	△48,282
		新株予約権	562
		非支配株主持分	264,859
		純資産合計	946,083
		負債純資産合計	2,348,166

(b) 連結損益計算書及び連結包括利益計算書

連結損益計算書

（単位：百万円）

売上高	2,075,070
売上原価	1,157,692
売上総利益	917,377
販売費及び一般管理費	775,488
営業利益	141,889
営業外収益	
受取利息	2,668
受取配当金	2,695
持分法による投資利益	11,849
その他	3,676
営業外収益合計	20,889
営業外費用	
支払利息	13,252
デリバティブ評価損	3,446
その他	5,403
営業外費用合計	22,101
経常利益	140,676
特別利益	
固定資産売却益	8,456
投資有価証券売却益	7,229
関係会社株式売却益	15,468
その他	36,168
特別利益合計	67,321
特別損失	
固定資産除却損	3,325
固定資産売却損	2,185
減損損失	473
その他	21,251
特別損失合計	27,234
税金等調整前当期純利益	180,763
法人税，住民税及び事業税	53,330
法人税等調整額	△6,233
法人税等合計	47,097
当期純利益	133,666
非支配株主に帰属する当期純利益	15,508
親会社株主に帰属する当期純利益	118,158

連結包括利益計算書

（単位：百万円）

当期純利益	133,666
その他の包括利益	
その他有価証券評価差額金	△110
繰延ヘッジ損益	△3,564
土地再評価差額金	61
為替換算調整勘定	△50,223
退職給付に係る調整額	△6,445
持分法適用会社に対する持分相当額	△19,004
その他の包括利益合計	△79,287
包括利益	54,378
（内訳）	
親会社株主に係る包括利益	51,686
非支配株主に係る包括利益	2,692

　貸借対照表と損益計算書という2つの表で知りたいことは，要するに会社が儲かっているかどうかです。

　では，「儲かった」とはどういうことでしょうか。

　それは，私たちが日常生活の中でどういうときに「儲かった」と思うかを考えてみればすぐに分かります。たとえば，300円の宝くじを買って，それを上回る当たりが出たら「儲かった」と思うはずです。つまり，「儲かる」とは**財産が増えること**です。

　財産の増減を知るためには，財産一覧表があれば分かります。ある時点で財産一覧表を作り，一定期間経過後にまた財産一覧表を作ってみる。その2つを比べれば財産が増えたのか減ったのかが分かります。

　この**財産一覧表が貸借対照表**です。そして，**正味財産の増加分が利益**です。

　実は，利益を知るためには，財産一覧表である貸借対照表さえあれば分かるのです。

　では，なぜ損益計算書というもう1つの表が必要なのでしょうか。

　ある一時点で作成する財産一覧表は，人間で言えば身長や体重などの体格を表す情報です。ある子どもが身体測定で身長を測ったところ100cmだったとしましょう。その子が翌年の身体測定では身長が120cmになっていたとします。この2つの情報から，この子の身長が20cm伸びたことが分かります。その子は1年間でそれだけ成長したということであり，会社であればこれが利益に相当します。

　その子の身長が1年間で20cm伸びたことは分かりますが，これだけだと，なぜそれだけ伸びたのかが分かりません。その理由を知るためには，どのような食事をどれだけして，どのような運動をどれだけしてきたのかという，1年間の生活記録が必要です。

　この生活記録に相当する情報が損益計算書です。**損益計算書は，財産が増減するに至った一定期間のプロセスを記録したもの**なのです。

　財務諸表は，貸借対照表と損益計算書という2つの表を組み合わせることによって，途中プロセスとその結果という両面から，財産の増減，すなわち利益を捉えられるようになっているのです（図表2-2）。

図表2-2　貸借対照表と損益計算書の関係

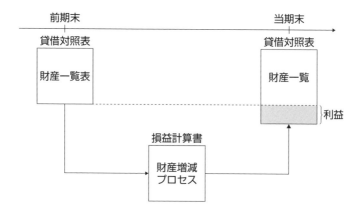

貸借対照表は静止画，損益計算書は動画

　前項の説明から，１つ重要なことが分かります。それは，貸借対照表と損益計算書の情報の性質です。

　図表2-1を見ると，貸借対照表も損益計算書も，いずれも数字が羅列された同じような表に見えますが，そこに収容されている情報の性質には違いがあります。

　財産一覧表である貸借対照表の情報は，ある一時点の瞬間情報を表しています。それはある瞬間に会社をカメラで撮影した，いわば**静止画情報**です。

　それに対して，損益計算書は一定期間の幅を持った情報です。損益計算書は生活記録ですから，これは一定期間をビデオカメラで撮影した**動画情報**と言えます。

　前者の静止画情報のことを「**ストック情報**」といい，後者の動画情報のことを「**フロー情報**」と言います。

キャッシュ・フロー計算書の位置付け

　キャッシュ・フローの「フロー」もこの「フロー」です。「キャッシュ」という言葉もありますが，これはストック概念です。言葉を換えれば，残高です。キャッシュという特定財産の増減プロセスを見ているのがキャッシュ・フロー計算書です。

　ということは，財務諸表におけるキャッシュ・フロー計算書のポジションは，損益計算書と同じ位置です（図表2-3）。損益計算書が全財産の増減プロセスを表すものであるのに対して，**キャッシュ・フロー計算書は，その中のキャッシュという財産だけの増減プロセスを見ている**という関係にあります。

　ときどき，「キャッシュ・フローがマイナス」の意味を「現金がなくなった」という意味だと捉えている人がいますが，そうではないこともこれで分かるでしょう。

図表2-3　キャッシュとキャッシュ・フロー

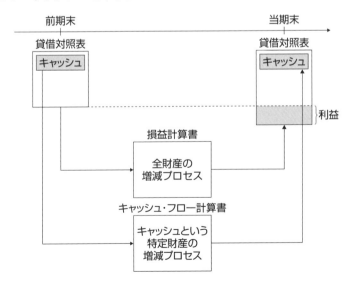

「キャッシュがマイナス」ならば「現金がなくなった」の意味になります（実際にはどこかから借りていることになる）。それに対して，「**キャッシュ・フローがマイナス」の意味は「キャッシュという残高が減った」という意味**です。言葉を換えれば，「キャッシュが流出した」ということです。

これは，「利益がマイナス」は「財産が減った」ことを意味するのであって，全財産がなくなったことを意味しないのと同じです。

2 貸借対照表の構造

それでは，貸借対照表の中身について見ていきましょう。貸借対照表の構造を理解するポイントは，左右の関係と上下の関係です。

▌左右の関係～利益は仕組みが生み出す～

図表2-1(a)の貸借対照表からはちょっと分かりにくいですが，貸借対照表は左右一対の表になっています。実際の貸借対照表は左と右が別のページに記載されていることもあるので，そのようになっていると単に複数ページにわたる長い表にしか見えないかもしれません。しかし，貸借対照表は左右一対の表になっており，その左右の関係を理解することが，貸借対照表を理解する上での1つ目のポイントになります。

ビジネスにおけるキャッシュの流れは，元手となる資金を調達し，それを仕組みに変え，その仕組みを使うことによって利益という新たなキャッシュを生み出すという流れになっています。

利益は仕組みが生み出すのです。これが基本的な捉え方です。このイメージは，財務指標の式を理解する上でも基本となります。

貸借対照表の左右の関係はその流れを表しています（図表2-4）。

図表2-4　貸借対照表の左右の関係

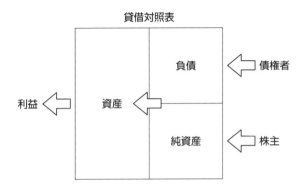

　ビジネスをするためには，まずは先立つものが必要です。すなわち，元手資金です。**貸借対照表の右側は，その元手資金をどこから調達したかという資金調達源泉**を表しています。

　資金調達源泉には，銀行からの借金のように返済義務があるものと，株主からの出資金のように返済義務のないものとがあります。**返済義務のあるものを総称して「負債」といい，返済義務のないものを総称して「純資産」といいます。**貸借対照表ではそれぞれ右側の上と下に分けてまとめています。

　資金を調達したならば，企業はそれを使って自分たちのビジネスに必要なものを買い揃えていきます。製造業ならば，工場，設備，原材料などが必要でしょう。これらをまとめて「資産」といいます。これが貸借対照表の左側です。**貸借対照表の左側は，調達した資金を何に使っているかという資金運用方法**を表しています。

なぜ「貸借対照表」と言うのか

　図表2-1(a)のキリンホールディングスの貸借対照表をあらためて見てみましょう。左側の資産合計と，右側の負債純資産合計がいずれも2,348,166（百万円）と同じ金額になっています。

それがなぜかは，前項で説明した貸借対照表の構造が理解できていれば容易に理解できるでしょう。キリンホールディングスの場合，左右とも合計額はざっと2兆円ですが，これは2兆円という1つの事実を，「どこから調達したのか」という視点と，「何に使っているのか」という視点で，それぞれ右と左に分けてまとめたものです。同じ事実を異なる視点で右と左にまとめているわけですから，左右の金額は必ず一致するのです（図表2-5）。

図表2-5　貸借対照表の左右は必ず一致する

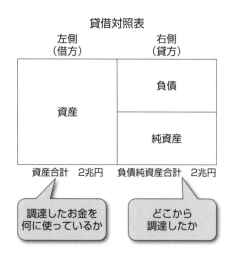

　会計の世界では，財務諸表の左側を「借方」といい，右側を「貸方」といいます。貸借対照表は，借方と貸方が必ず一致する対照的な表になっているので，「貸借対照表」というのです。また，左右が常にバランスしているので，英語では**バランス・シート**なのです。

上下は流動性の順番で並んでいる

　貸借対照表の構造上のもう1つのポイントは上下の関係です。

　図表2-1(a)のキリンホールディングスの貸借対照表を見てみましょう。左側の資産は流動資産と固定資産の2つに大きく分かれています。右側上段の負債も流動負債と固定負債の2つに大きく分かれています。貸借対照表は左右とも，**上から下に向かって流動性の高いものから並んでいるのです**（図表2-6）。これを**流動性配列法**といいます。

　流動性とは換金性ということです。どれだけ容易にお金として会社に入ってくるか，または出ていくかということです。

　何をもって「容易」というか，すなわち流動項目と固定項目を分ける判断基準は制度的にはいくつかありますが，財務分析をする上では最も基本的な判断基準だけ押さえておけば十分でしょう。

　それは**1年基準**です。**ワン・イヤー・ルール**とも言われます。

　最も分かりやすい例は，図表2-1(a)の負債に計上されている短期借入金と長期借入金です。

　この「短期」，「長期」というのは期間の長短を何となく言っているわけではありません。明確な定義があります。返済期限が1年以内に到来する借入金を短期借入金といい，返済期限が1年を超えるものを長期借入金といいます。そのため，短期借入金は流動負債に，長期借入金は固定負債に

図表2-6　貸借対照表の上下は流動性の順番

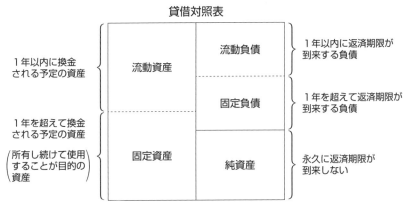

計上されているのです。

　これがワン・イヤー・ルールの典型例です。

　すべてが厳密にそうなっているわけではありませんが，流動負債とは概ね1年以内にキャッシュとなって出ていくもの，固定負債はそれが1年超ということです。

　同様に，流動資産は1年以内に，固定資産は1年より後に，換金されてキャッシュとなって入ってくるものということです。

　固定資産についてより現実的なイメージを言うと，「1年より後に換金される」ということは，「そもそも手放して換金するつもりがない」ということです。では，何が目的かというと，所有し続けて使うことです。そういう意味では，会社の「仕組み」に相当する部分といえます。

　なお，資産については固定資産の後に繰延資産という資産が計上されることがあります。この繰延資産は日本基準にしか見られない特殊な資産であり，元々換金性にも乏しいことから，日本基準においても発生時に費用として処理するのが原則的になってきています。そのため，最近では繰延資産はほとんど見なくなってきています。図表2-1(a)のキリンホールディングスも計上していません。

　繰延資産については財務分析上はあまり気にしなくて構いません。「換金性に乏しい日本固有の特殊な資産」とだけ理解しておけば十分でしょう。

3 損益計算書の構造

▎それぞれの利益の意味を押さえる

　次に，損益計算書の構造を見ていきましょう。

　損益計算書がやっていることは一定期間の利益を計算しているだけですから，構造的には難しくありません。ただ，最終的な利益だけを計算するのではなく，意味を持たせて段階的に計算します。したがって，損益計算

書の構造上のポイントは，それぞれの利益の意味を理解することです。

　図表2-7は図表2-1(b)の損益計算書を再掲したものです。これに沿って上から順にそれぞれの利益を見ていきましょう。

　たとえば，ある企業が商品を70円で仕入れ，100円で販売したとしまし

図表2-7　いろいろな利益の意味

キリンホールディングスの連結損益計算書（2016年12月期）

	（単位：百万円）	
売上高	2,075,070	売上高から売上原価だけを引いた利益。いわゆる"粗利（あらり）"
売上原価	1,157,692	
売上総利益	917,377	
販売費及び一般管理費	775,488	本業において日常的に発生する費用。
営業利益	141,889	
営業外収益		本業の利益
受取利息	2,668	
受取配当金	2,695	
持分法による投資利益	11,849	本業外で発生するプラス
その他	3,676	
営業外収益合計	20,889	
営業外費用		
支払利息	13,252	
デリバティブ評価損	3,446	本業外で発生するマイナス
その他	5,403	
営業外費用合計	22,101	
経常利益	140,676	経営において常に発生する"コンスタント利益"
特別利益		
固定資産売却益	8,456	
投資有価証券売却益	7,229	
関係会社株式売却益	15,468	非日常的な特別なことに伴うプラス
その他	36,168	
特別利益合計	67,321	
特別損失		
固定資産除却損	3,325	
固定資産売却損	2,185	
減損損失	473	非日常的な特別なことに伴うマイナス
その他	21,251	
特別損失合計	27,234	
税金等調整前当期純利益	180,763	
法人税，住民税及び事業税	53,330	
法人税等調整額	△6,233	
法人税等合計	47,097	
当期純利益	133,666	税引後の"手取り利益"
非支配株主に帰属する当期純利益	15,508	
親会社株主に帰属する当期純利益	118,158	

ょう。100円がこの企業にとっての売上高であり，仕入の70円が売上原価です（「売上原価」とは「売上の原価」ということ）。その差額である30円が**売上総利益**であり，損益計算書において最初に出てくる利益です。これは，一般的に"粗利"と言われるものです。

その後に続く**販売費及び一般管理費**は，長いので「**販管費**」とも言われます。これは，文字通り販売と一般管理にかかる費用ということです。それはつまり，本業において日常的に発生する費用ということです。キリンホールディングスでは，図表2-8のような費用が計上されています。

図表2-8　販売費及び一般管理費

キリンホールディングス（2016年12月期）

（単位：百万円）

販売促進費	205,369
運搬費	71,506
広告費	62,940
退職給付費用	11,934
労務費	149,128
研究開発費	62,874
減価償却費	34,899
在外子会社税制優遇	△11,965

売上総利益から販管費を引いた利益が**営業利益**です。「営業」は「本業」という意味です。つまり，営業利益とは「本業の利益」ということです。

ここまでが本業ということは，この後は本業ではないということです。**営業外収益**，**営業外費用**が続きますが，これらは営業外，すなわち本業外のプラスとマイナスということです。本業外の典型例は金融取引です。たとえば，資金の貸し借りに伴って発生する利息や，株式投資に伴って受け取る配当金などがそれに相当します。

資金の貸し借りなどの金融取引は，確かに一般事業会社にとっては本業ではありませんが，企業にとっての日常的な仕事ではあります。具体的には，財務部門などが資金繰りという日常業務の一環としてやっているはず

です。したがって，本業ではありませんが，ここまでは企業活動において普通に発生します。

　営業利益に営業外収益・営業外費用を加算・減算した利益を**経常利益**といいます。これは，「経営において常に発生する"コンスタント利益"」ということです。

　組織との対応で大まかに言うと，製造や営業などの現業部門が日常的に発生させるのが営業利益までで，本社間接部門まで入れると経常利益，という感じです。

　経常利益までがコンスタントということは，その後はコンスタントには発生しないということです。**特別利益**，**特別損失**というのが続きますが，これらは「減多に起こらない特別なもの」ということです。

　図表2-7を見ると，特別利益の1行目には固定資産売却益が計上されており，特別損失の1行目，2行目にはそれぞれ固定資産除却損，固定資産売却損が計上されています。これらがなぜ特別になるかは，固定資産の意味が理解できていればすぐに分かるでしょう。固定資産とは，所有し続けて使うことを目的としている資産です。したがって，手放すことが減多にないのです。だから，手放すことに伴って発生する売却益や除却損・売却損は特別項目になるのです。

　減多に起こらない特別なものでも，その年に起きたのは事実ですから，ここまで入れて**税金等調整前当期純利益**になります。これは，かつては**税引前当期純利益**と言われていました。IFRSでは**税引前利益**といわれます。

　ここから法人税等の税金が引かれて**当期純利益**になります。当期純利益は税引後のいわば"手取り利益"です。

▎利益の行く末

　利益が出たら，その後はどうなるでしょうか。企業研修などで質問すると，「給料が増える」と答える人が意外にも多いのですが，残念ながら給料は増えません。巡り巡っていつか給料が増える日が来るかもしれません

が，少なくとも利益の増分が働いている人の懐に直接入ってくるようには
なっていません。

利益はまず株主に対する配当に使われます。少々正確な言い方をすると，
当期純利益等を元に計算される一定額（「分配可能額」と言う）を上限と
して，その期に配当することができます。

当期純利益の全額を配当に回すことも可能ですが，一般的には全額は配
当せず，一部は会社内部に留保します。いわゆる，**利益の内部留保**です。

留保された利益は，短期的には翌期以降の新たな資金源として使われま
す。長期的には株価の上昇につながります（第8章3参照）。

利益は企業自ら稼ぎ出したものですから，誰かに返済する義務はありま
せん。したがって，利益の内部留保は返済不要の資金源を意味する純資産
に組み入れられます。具体的には利益剰余金に組み入れられます。

これでキャッシュの循環が完結します。図表2-9を見てください。まず
重要なイメージとして，「利益は仕組みが生み出す」ということを再度確
認してください。そして，利益は右に戻っていきます。キャッシュは，貸

図表2-9　利益の行く末

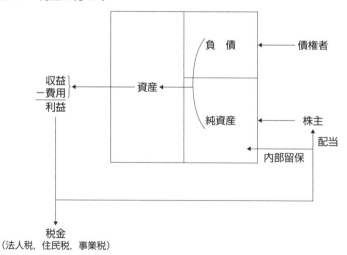

借対照表（B/S）の右から入って左に抜け，また右に戻っていくわけです。

4　包括利益

　現在の損益計算は当期純利益の計算で終わりません。図表2-1(b)の右側にあるように，当期純利益からさらに包括利益というものを計算します。

　包括利益は，2012年3月期から開示が義務付けられました。ただし，それは連結財務諸表のみです。個別財務諸表については包括利益の開示は義務付けられていません。

　包括利益が義務化されるという話が出たときはちょっとした騒ぎになりました。曰く，「包括利益が最終利益になるのか⁉」「これからは包括利益が重視されるのか⁉」「当期純利益はもう見なくていいのか⁉」等々。そのような騒動が起こるのも，包括利益の意味がちゃんと理解されていないからでしょう。

　包括利益とは，純資産の増分をすべて含む利益です（ただし，増資などの資本取引は除く）。すべてを含むので「包括利益」と呼ばれるのです。

　第2章1で説明したように，利益とは正味財産の増分です。正味財産とは貸借対照表の純資産のことです。したがって，原理原則に従えば，当期純利益と純資産の増分は一致しているはずです。しかし，実際には両者は一致していません。純資産の増分でありながら当期純利益に計上されないものがあるからです。それらを全部包括的に含む利益が包括利益ということです。

　では，純資産の増分でありながら，当期純利益に計上されないものとは何でしょうか。一番分かりやすいのは，有価証券の含み益です。

　今，売買目的有価証券と持合株式（会計上は「その他有価証券」）の両方に含み益があるとしましょう。いずれも時価会計の対象ですから，評価替えされると貸借対照表の資産に計上されている価額は増加します（勘定科目は，売買目的有価証券は「有価証券」，その他有価証券である持合株

25

式は「投資有価証券」)。

　資産の額を増加させたら，貸借対照表の左右のバランスを保つために，右側の純資産も同額だけ増加させる必要があります。そのやり方が，売買目的有価証券と持合株式では異なります。

　なぜ違いがあるかを理解するためには，前提として，当期純利益の重要な性質を理解しておく必要があります。それは，**利益はキャッシュの流出を引き起こす**ということです。なぜならば，税金等調整前当期純利益に基づいて納税が行われ，当期純利益に基づいて配当が行われるからです。

　株主総会で配当額が確定すると，その配当のために銀行から短期の借入をする企業も少なくありません。利益が出たがために借金をするのです。利益が出て，「よかった，よかった」などと喜んでいる場合ではないのです。

　利益は最終的にキャッシュの流出原因になるので，**税金等調整前当期純利益までのところにはキャッシュの裏付けのあるものしか含めたくない**のです。税金等調整前当期純利益にキャッシュの裏付けがないと，どこからもキャッシュが入ってこないのに，納税と配当によってキャッシュの流出だけが起こることになってしまうからです。

　キャッシュの裏付けのあることを「実現性がある」とか「実現性が高い」と言います。

　有価証券の含み益は，実際に売却しない限りキャッシュは入ってきません。単なる絵に描いた餅です。ただし，**同じ含み益でも，売買目的有価証券の含み益と持合株式のそれとでは実現性が違う**のです。これがここでのポイントです。

　売買目的有価証券の含み益は，会社の任意でいつでも売却できるわけですから，近い将来，売却によって含み益に相当するキャッシュが実際に入ってくる可能性は高いでしょう。つまり，実現性が高いと言えます。したがって，その含み益である有価証券評価益を税金等調整前当期純利益までのところに計上することは容認できます。

　含み益が税金等調整前当期純利益に含まれれば，簿記のメカニズムによ

って利益剰余金に振り替えられるので，貸借対照表の左右のバランスが自動的に保たれることになります（図表2-10(a)）。

　一方，持合株式は，安定株主作りを主な目的として複数の企業がお互いの株式を持ち合うものです。持ち合うこと自体が目的ですので，短期的に売却されることは想定できません。つまり，持合株式の含み益は実現性が低いのです。したがって，これは税金等調整前当期純利益に含めるわけにはいきません。

　しかし，税金等調整前当期純利益に含まれないと，貸借対照表の左右のバランスが自動的に保たれるメカニズムが使えません。このままだと，貸借対照表の左右がアンバランスになってしまいます。

　そこで，従来の日本基準では，持合株式のようなその他有価証券の含み益は「その他有価証券評価差額金」という科目で純資産に直接計上していました。いわゆる「純資産直入」といわれる処理です。これは，はっきり言って苦肉の策です。

図表2-10　包括利益

(a) 2012年3月期より前　(個別財務諸表は現在もこの方式)

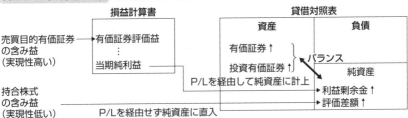

(b) 2012年3月期以降

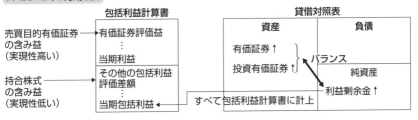

このような処理があるために，純資産の増分と当期純利益は必ずしも一致しないのです。

純資産の増分と利益の不一致を解決するために登場したのが包括利益です。当期純利益の後に，「**その他の包括利益**（Other Comprehensive Income: OCI）」という区分を設けて，そこに持合株式の含み益のような実現性の低いものを計上し，それらを含めた包括利益が純資産の増分と一致するようにしたのです（図表2-10(b)）。

「その他の包括利益」というのは，「包括利益（＝純資産の増分のすべて）のうち，当期純利益に含まれないその他」という意味です。それは，「**純資産の増分はもたらすが，実現性の低いものの集まり**」と言えます。

5 IFRS

▌乱立する会計基準

図表2-11は2018年12月期のキリンホールディングスの連結財務諸表です。これはIFRSに基づく財務諸表です。同社は2017年12月期からIFRSを採用しています。

IFRSはInternational Financial Reporting Standardsの略で，日本語の正式名称は国際財務報告基準です。一般的には，「国際会計基準」とも言われています。

図表2-11　キリンホールディングスの連結財務諸表（2018年12月期: IFRS）

(a)　連結財政状態計算書

(単位：百万円)

資産	
非流動資産	
有形固定資産	527,039
のれん	244,222
無形資産	179,892
持分法で会計処理されている投資	240,597
その他の金融資産	177,787
その他の非流動資産	13,653
繰延税金資産	88,676
非流動資産合計	1,471,866
流動資産	
棚卸資産	204,837
営業債権及びその他の債権	404,934
その他の金融資産	6,713
その他の流動資産	42,172
現金及び現金同等物	173,102
流動資産合計	831,758
資産合計	2,303,624

資本	
資本金	102,046
資本剰余金	2,238
利益剰余金	943,468
自己株式	△101,904
その他の資本の構成要素	△29,767
親会社の所有者に帰属する持分	916,080
非支配持分	284,840
資本合計	1,200,920
負債	
非流動負債	
社債及び借入金	317,937
その他の金融負債	92,078
退職給付に係る負債	68,441
引当金	6,914
その他の非流動負債	10,851
繰延税金負債	16,534
非流動負債合計	512,755
流動負債	
社債及び借入金	97,057
営業債務及びその他の債務	227,137
その他の金融負債	49,727
未払法人所得税	17,339
引当金	1,059
その他の流動負債	197,630
流動負債合計	589,949
負債合計	1,102,704
資本及び負債合計	2,303,624

(b) 連結損益計算書及び連結包括利益計算書

連結損益計算書

(単位：百万円)

売上収益	1,930,522
売上原価	1,097,153
売上総利益	833,369
販売費及び一般管理費	634,041
その他の営業収益	30,703
その他の営業費用	31,709
営業利益	198,322
金融収益	9,181
金融費用	8,881
持分法による投資利益	28,448
持分法で会計処理されている投資の売却益	19,782
税引前利益	246,852
法人所得税費用	51,641
当期利益	195,211
当期利益の帰属	
親会社の所有者	164,202
非支配持分	31,009

連結包括利益計算書

(単位：百万円)

当期利益	195,211
その他の包括利益	
純損益に振り替えられることのない項目	
その他の包括利益を通じて公正価値で測定する資本性金融商品の公正価値の純変動	△3,292
確定給付制度の再測定	△710
持分法によるその他の包括利益	224
純損益に振り替えられる可能性のある項目	
在外営業活動体の換算差額	△63,920
キャッシュ・フロー・ヘッジ	764
持分法によるその他の包括利益	△626
その他の包括利益合計	△67,559
当期包括利益	127,652
当期包括利益の帰属	
親会社の所有者	102,929
非支配持分	24,723

　会計基準が異なる財務諸表は単純比較できませんので，財務分析においても他社と比較する際に障害になります。少なくとも，厳密な比較分析はできません。

　実は日本は，2020年3月現在，連結財務諸表を作成する際に4つの会計基準から好きなものを選べるという世にも奇妙な国になっています。選べる会計基準は，日本基準，米国基準，IFRSに加えて，日本がIFRSを独自に修正した修正国際基準（Japan's Modified International Standards: JMIS）です。

　制度は，良し悪し以前に，皆が同じものを使うことが最も重要です。「車は左側通行と右側通行のどちらが望ましいか」などという議論の前に，みんなが同じ側を走らないと収拾がつきません。自分だけ勝手に反対側を走ったら逆走です。大事故になりかねません。そのような状況を許容していることに対しては疑問が残ります。

　修正国際基準に至っては，IFRSの中で日本の当局が気に入らない部分を独自に修正したものです。それを「国際基準」と言ってしまうという，ほとんど悪い冗談のようなものです。これは，「左側通行は気に入らないので，自分だけは右側を走る。それが私にとっての国際ルールだ」と言っているようなものです。

　ちなみに，修正国際基準は，IFRS当局から「それは国際基準ではありません」というお墨付き（？）をもらっています。2020年3月時点で採用している企業もありませんし，おそらく今後も採用する企業は現れないでしょう。

　このような状況は，実務家にとっては大変困ります。財務分析をする際も苦労しますし，本書のようなものを執筆する際も，事例とする企業の選択に苦労します。

　ビール会社について言えば，キリンビール，アサヒビール，サッポロビール，サントリーはすべてIFRSを採用しています。ただし，採用時期が微妙にずれているので，時系列比較の厳密な分析はできません。

　自動車メーカでは，2019年3月期現在，トヨタ自動車が米国基準，本田技研工業がIFRS，SUBARUは日本基準ですが2020年3月期からIFRS，それ以外は日本基準という状況です。

日本基準との構造上の違い

　IFRSと日本基準の主な違いは以下の通りです。

　まず，図表2-11(a)の見出しから分かるように，「貸借対照表」はIFRSでは「財政状態計算書」といいます。

また，「固定資産」，「固定負債」は，IFRSではそれぞれ「非流動資産」，「非流動負債」といいます。ただし，内容については大きな差異はありません。

　「純資産」はIFRSでは「資本」といいます。日本語版の正式な基準書でもそうなっていますが，これは適切な訳語とは言えないと思います。IFRSにおける資本は，資産と負債の差額として定義されていますので，差額概念を表す「純資産」（「純」は一般に「正味」（net）の意味）にすべきだったと思います。

　図表2-11(a)を見ると，左右とも非流動項目から始まってます。そのため，右側（貸方）は資本が上に来ています。これは，IFRSにおける財務諸表のひな形がそうなっているので，それにならったのだろうと思われますが，これについては，日本基準で一般的な流動性配列法で記載することも認められています。実際，流動性配列法で記載している企業も少なくありません。

　損益計算書について見てみましょう（図表2-11(b)）。

　1行目の「売上収益」は「売上高」のことです。これも，分かりにくい日本語訳です。IFRSでは，損益計算書のプラスの総称をincomeといい，それを本業に関するrevenueと，本業以外のgainに分けています。

　それに対して，日本語の基準書は，incomeにもrevenueにも「収益」という言葉を充てています。本来の「収益」はIFRSでいうincomeですので，revenueに「収益」という言葉を充てたことが混乱の元になっています。

　日本語版では，本文中でincomeとrevenueを明確に区別したいときは，それぞれ「広義の収益」，「狭義の収益」などと言い，損益計算書のひな形では，1行目にあるrevenueに「売上収益」という言葉を充てています。原文ではrevenueという1つの言葉に対して，日本語版では，「収益」，「狭義の収益」，「売上収益」というように，一貫性のない日本語を使っています。

　IFRSを採用している日本企業の財務諸表ではさらに言葉が乱れ飛んで

いて，少なくとも「売上高」「収益」「売上収益」「営業収益」という言葉
が使われています。いずれも英語ではrevenueです。

revenueは「本業のincome」ですから，要するに「売上高」だと思う
のですが，なぜ「売上高」という訳語を充てなかったのか，よく分かりま
せん。

利益区分については自由度がありますが，IFRSでは特別利益・特別損
失のような特別項目を分離掲記することが許されないため，経常利益を表
記することができません。特別項目の分離掲記を認めないのは，特別項目
の判断に恣意性が入ることを嫌っているからです。

IFRSでは金融取引に関連する項目以外はすべて営業利益に含めるのが
一般的ですので，IFRSの営業利益には日本基準の営業利益よりも多くの
ものが含まれます。たとえば，のれんの償却費は営業利益に含まれます。

これでは日本基準における従来の営業利益と単純比較できませんので，
IFRSを採用する日本企業の中には，日本基準の営業利益に相当する利益
を独自に「事業利益」と称して，内部管理やIRで用いている企業もあり
ます。IFRSを採用するある日本企業が，そのような意味で「事業利益」
という言葉を使い出したことが自然に普及したようです。

ただし，後述するように，「事業利益」は，財務分析の分野において，
これとは異なる意味で以前から使われています。「事業利益」を，日本基
準における営業利益の意味で使い出した人は，おそらくそれを知らなかっ
たのだろうと思いますが，これもまた混乱の元になっています。

当期純利益は当期利益と言います。意味としては当期純利益と基本的に
変わりません。それなのに，なぜわざわざ「当期利益」という訳語を充て
たのか，これもよく分かりません。

包括利益も日本基準と同じです。日本基準はIFRSに揃えるために包括
利益という概念を日本基準に導入したので，両基準で同じなのは当然と言
えば当然です。

日本基準との数値上の違い

　IFRSと日本基準は数値面でもいくつか違いがあります。場合によっては相当大きな違いになることもありますので，そのような場合は特に注意が必要です。

　主な違いは以下の通りです。

　まず，売上高計上基準が異なるので，売上高に差異が出ることがあります。特に大きいのが，総額計上が許されないケースです。IFRSでは，売買取引の当事者ではなく代理人の立場にある場合は，取引額の総額ではなく，手数料相当額しか売上高に計上できません。

　これは，従来の売上総利益に相当する額が売上高になると考えればいいでしょう。したがって，売上高は変わりますが，利益は基本的に変わりません。

　「代理人」の立場とは，たとえばメーカに対して輸出業務を行う商社のような立場です。商社の中には，IFRSを採用したことによって売上高が従来の30％程度になった企業もあります。

　売上高計上基準については，2021年4月以降，IFRSがほぼそのままの形で日本基準に導入されるので，それ以降はIFRSと日本基準の売上高はほぼ同じになります。「ほぼ」と言っているのは，一部，日本独自の判断で修正を加えている部分があるからです。

　数値上の違いの2点目は，研究開発費の一部が無形資産（日本基準における「無形固定資産」）に計上される場合があることに伴う差異です。費用化は無形資産の償却を通じて複数年にわたって行われます。日本基準では，研究開発費は発生時に全額費用処理ですので，技術系の企業はIFRSの採用によって利益が大きくなる可能性があります。

　数値上の違いの3点目は，のれんの処理方法の違いに伴う差異です。日本基準ではのれんは償却対象ですが，IFRSでは償却対象外です。償却対象外である代わりに，日本よりも厳格に減損が行われるために，ある期に

突然多額の費用が計上されることもあります。連結対象会社が多い企業や大規模なM&Aを行った企業ではかなりの違いが出る可能性があります。

　数値上の違いの4点目は，減価償却に関する差異です。減価償却について，「IFRSでは定額法しか認められない」と言われることがありますが，これは正しくありません。定率法やその他の方法も可能です。ただし，「税法上認められているから」というだけの理由では定率法を正当化できません。合理的な理由が必要です。その理由付けの面倒さを嫌ってか，すべて定額法に変更する企業が多いのは事実です。そのような変更を行った場合は，当然，数値上影響が出ます。

　数値上の違いの5点目は，有価証券に関する差異です。有価証券のうち，「その他有価証券」に分類される有価証券を売却した場合，IFRSでは売却損益は「その他の包括利益（OCI）」に計上し，当期純利益に含められません。利益調整のために（とは，大きな声では言えないとは思いますが），その他有価証券を売却して当期純利益をかさ上げするようなことはできません。

6 連結財務諸表

なぜ子会社を連結するか

　連結財務諸表とは，子会社と関連会社の財務諸表を統合した財務諸表です。

　子会社とは，ある会社に会社の意思決定機関を支配されている会社です。支配している「ある会社」が親会社です。

　「支配」の最も分かりやすい状態は，ある会社に株主総会の議決権を50％超保有されている場合です。この場合，最高意思決定機関である株主総会における議決権の過半数を，ある会社が単独で保有しているわけですから，株主総会の少なくとも普通決議については，ある会社が単独で決めら

れることになります。これが，ある会社に「支配」されている状態です。

ある会社が保有している議決権比率が50％以下であっても，40％以上保有していて，かつ，たとえばある会社が他の会社の取締役会に過半数の取締役を派遣しているようなことがあれば，意思決定機関を実質的に支配していると判断され，子会社になります。

意思決定機関を支配されているということは，子会社は親会社の思いのままです。法形式的には別会社ですが，経済的実態は一部門と何も変わらないことになります。そうであるならば，**財務諸表という情報だけはあたかも1つの会社のように統合しましょう**，というのが**連結財務諸表**です。

基本は連結財務諸表

財務分析をする場合は，個別財務諸表ではなく連結財務諸表を使うのが基本です。連結財務諸表の方が，企業の経済的実態をよく表していることが多いからです。

たとえば，同種の製品を製造して販売している会社にA, Bの2社があるとします。

A社は，製造部門が製造した製品を営業部門が販売しています。一方，B社は，製造機能を子会社として分離し，親会社にある営業部門が完成品を製造子会社から仕入れて販売しています。

このような2社をそれぞれ単体で分析したら，同じ土俵での分析になりません。A社の個別財務諸表には製造に関する情報が含まれていますが，B社のそれには含まれていないからです。

ある機能を法的にどのような組織形態で実現するかは，企業によってさまざまです。企業が異なれば，上記の例のようなことはいくらでも起こります。そのような違いを捨象して分析するためには，連結ベースで分析するしかありません。

また，親会社が純粋持株会社の場合は，親会社単体を見てもほとんど意味がありません。

　純粋持株会社とは，自らは事業を行わず，子会社の株式だけを保有して
いる会社です。「××ホールディングス」という会社は大体が純粋持株会
社です。

　このような会社の貸借対照表は子会社の有価証券だらけです。また，損
益計算書にはほとんど売上高はありません。シェアード・サービス・セン
ターとしてグループの間接業務を集中的に行っているような場合はその対
価として売上高が計上されている場合もありますが，収益のほとんどは子
会社からの配当金です。

　図表2-12はセブン&アイ・ホールディングスの個別財務諸表です。図表
2-12(a)から，資産の大半が投資その他の資産に計上されている関係会社株
式であることが分かるでしょう。また，図表2-12(b)から，収益のほとんど
が1行目の受取配当金収入であることも見て取れるでしょう。

　このような場合は，連結ベースで見ないと会社としての実態が全く見え
てきません。

　なお，図表2-12(a)の資産には現金預金がわずかしか計上されていません。
これは，子会社の1つであるセブン&アイ・ファイナンシャルセンターが
グループの資金管理を集中的に行っているからだと思われます。グループ
内の資金管理を集中的に管理する仕組みをキャッシュ・マネジメント・シ
ステム（CMS）と言いますが，それを採用しているものと思われます。
このような場合も，連結ベースで見ないと全体の資金残高は分かりません。

図表2-12　セブン&アイ・ホールディングスの個別財務諸表（2019年2月期）

（a）貸借対照表

（単位：百万円）

資産の部		負債の部	
流動資産		流動負債	
現金及び預金	389	１年内償還予定の社債	40,000
前払費用	623	関係会社短期借入金	8
繰延税金資産	142	リース債務	2,359
未収入金	32,436	未払金	6,953
関係会社預け金	6,177	未払費用	691
その他	1,416	未払法人税等	15,558
流動資産合計	41,187	前受金	241
固定資産		賞与引当金	301
有形固定資産		役員賞与引当金	49
建物及び構築物	2,546	その他	611
器具備品及び運搬具	116	流動負債合計	66,775
土地	2,712	固定負債	
リース資産	651	社債	236,914
有形固定資産合計	6,027	関係会社長期借入金	12
無形固定資産		繰延税金負債	1,437
ソフトウエア	6,623	リース債務	4,560
ソフトウエア仮勘定	2,515	長期預り金	2,348
リース資産	5,521	債務保証損失引当金	28,912
その他	1	その他	345
無形固定資産合計	14,661	固定負債合計	274,531
投資その他の資産		負債合計	341,306
投資有価証券	40,092	純資産の部	
関係会社株式	1,639,238	株主資本	
繰延税金資産	—	資本金	50,000
前払年金費用	945	資本剰余金	
長期差入保証金	3,474	資本準備金	875,496
関係会社長期預け金	70,000	その他資本剰余金	370,992
その他	1,879	資本剰余金合計	1,246,489
投資その他の資産合計	1,755,629	利益剰余金	
固定資産合計	1,776,319	その他利益剰余金	
資産合計	1,817,506	繰越利益剰余金	168,381
		利益剰余金合計	168,381
		自己株式	△4,632
		株主資本合計	1,460,238
		評価・換算差額等	
		その他有価証券評価差額金	13,476
		評価・換算差額等合計	13,476
		新株予約権	2,484
		純資産合計	1,476,199
		負債純資産合計	1,817,506

(b) 損益計算書

(単位：百万円)

営業収益	
受取配当金収入	112,758
経営管理料収入	4,804
業務受託料収入	2,390
その他の営業収益	118
営業収益合計	120,072
一般管理費	24,863
営業利益	95,209
営業外収益	
受取利息	1,142
受取配当金	594
その他	60
営業外収益合計	1,797
営業外費用	
支払利息	107
社債利息	1,891
社債発行費償却	435
その他	1
営業外費用合計	2,436
経常利益	94,571
特別損失	
債務保証損失引当金繰入額	4,050
その他	501
特別損失合計	4,552
税引前当期純利益	90,018
法人税，住民税及び事業税	△1,602
法人税等調整額	1,522
法人税等合計	△80
当期純利益	90,098

7 非支配株主

非支配株主とは何か

　連結財務諸表を使って財務分析をする際に，少々気を付ける必要のある
ものがあります。それは，非支配株主の存在です。

　財務諸表において非支配株主は，図表2-1(a)の右側下段の「純資産合計」
のすぐ上に「非支配株主持分」と，図表2-1(b)の当期純利益の次の行に「非

支配株主に帰属する当期純利益」という形で現れます。これらはいずれも連結財務諸表特有の項目です。個別財務諸表には出てきません。

非支配株主とは，子会社における親会社以外の株主のことです。

たとえば図表2-13において，P社はS社の60％の議決権を保有していますから，S社はP社の子会社になります。S社にはP社以外にあと40％の議決権を保有している株主がいます。この株主のことを非支配株主といいます。

議決権比率だけでいえば，この株主たちは全員が結託しても絶対に過半数にはなれないマイノリティーです。そのため，かつては「少数株主」といわれていました。ただ，前項で説明した通り，子会社の判定は議決権比率だけではやるのではなく，実質的に支配しているかどうかで判定します。そのため，P社が45％保有し，他の株主が55％保有するということがあり得ます。55％保有している株主たちを「少数」というのはさすがにおかしいので，現在は「非支配株主」という名称になっています。

図表2-13　非支配株主

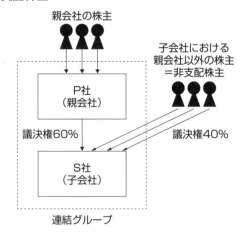

非支配株主は株主か否か

連結財務諸表における非支配株主の位置付けについては，2つの考え方があります。

1つは，親会社と子会社をまとめた連結グループを1つのエンティティ（実体）と捉えて，このエンティティに出資する者はすべて株主とする考え方です。この考え方を**経済的単一体説**といいます。この立場に立った場合，非支配株主は連結財務諸表において株主ということになります。

IFRSはこの立場を取っています。

もう1つの考え方は，「連結財務諸表とは，あくまでも親会社が親会社の責任において親会社の株主に報告するもの」という考え方です。この考え方を**親会社説**といいます。この立場に立った場合は，連結財務諸表における株主はあくまでも親会社の株主だけです。非支配株主は株主になりません。

日本基準はこの立場を取っています。

少数株主利益，そして当期純利益の意味

「少数株主」が「非支配株主」という名称に変わったのは2015年4月からです。実はこのとき，単なる名称の変更以上の本質的な変更が行われました。

2015年3月までは図表2-14(a)のようになっていました。現在との違いは，「少数株主利益」なるものが当期純利益の直前にあることです。

少数株主利益とは少数株主に帰属する利益です。具体的には，子会社の当期純利益のうち，少数株主の保有議決権比率相当額です。

たとえば，子会社の当期純利益が1,000で少数株主の保有議決権比率が40％の場合，1,000×40％＝400が少数株主利益となります。もし，子会社が当期純利益の全額を配当したとすれば，実際に400が少数株主に配当されます。配当しないとしても，少数株主は400に対する請求権を有してい

図表2-14　当期純利益の意味が変わった

(a) 2015年3月以前		(b) 2015年4月以降	
売上高	10,000	売上高	10,000
・・・		・・・	
税金等調整前当期純利益	2,000	税金等調整前当期純利益	2,000
法人税等	600	法人税等	600
少数株主損益調整前当期純利益	1,400 →	当期純利益	1,400
少数株主利益	400	非支配株主に帰属する当期純利益	400
当期純利益	1,000 →	親会社株主に帰属する当期純利益	1,000

ます。これが、「少数株主に帰属する」ということの意味です。

　図表2-14(a)を見ると、少数株主利益400がその直前にある少数株主損益調整前当期純利益1,400から引かれて、最終行の当期純利益1,000になっています。これは何をしているのかというと、連結財務諸表における当期純利益が親会社株主に対する帰属額だけになるように調整しているのです。

　これは親会社説の表れです。

　それが、2015年4月以降は図表2-14(b)のようになりました。「少数株主」が「非支配株主」という名称に変更になったことに加え、非支配株主利益（従来の少数株主利益）を控除して当期純利益を計算することをやめたのです。その代わりに、当期純利益の後で、非支配株主への帰属額と親会社株主への帰属額をあらためて記載する方式に変更しました。

　この変更による最も重要な点は、**当期純利益の意味が変わった**ことです。**かつての当期純利益の意味は親会社株主帰属額でしたが、現在のそれは全株主帰属額**になっています。対応関係でいえば、現在の当期純利益はかつて「少数株主損益調整前当期純利益」と言っていたものです。

　なぜ日本基準がこのように変更したかというと、IFRSがそうしているからです。しかし、現在においても日本基準は親会社説という立場を取り続けています。コンセプトレベルの立場はそのままにしておきながら、表面的な形だけ真似るというのは危ういものがあります。後述するように、財務分析においてもある種の歪みが生じます。

　財務分析以前に，当期純利益の意味が変わったことによって，**指標の連続性が保たれなくなりました**。2015年3月以前と2015年4月以降を時系列比較する際は注意が必要です。

既に変更されている純資産

　図表2-1(a)の連結貸借対照表を見てください。右側の下から3行目に非支配株主持分というのがあります。これは純資産の内訳項目になっています。

　非支配株主持分が純資産の1つに含められるようになったのは2006年5月以降のことです。それまでは，負債と純資産（当時は「資本」）との間に「少数株主持分の部」というのを設けて，そこに計上していました。

　少数株主持分（当時）は返済義務がありませんから負債ではありません。一方，親会社説の立場を取る日本基準においては，少数株主は連結財務諸表における株主ではないため，「株主に帰属する持分」である資本に含めるわけにもいきません。そこで，いずれにも属さない「少数株主持分の部」というのを設けていたわけです。

　これは，親会社説に忠実に沿ったやり方でした。

　それが，2006年5月以降，少数株主持分（現在の「非支配株主持分」）が純資産に含められるようになったのです。その理由もまた，IFRSがそうだからです。

　そこまでIFRSに近づけるなら，いっそのこと日本基準を捨てて全面的にIFRSにすればいいのに，と思ったりもしますが，以下のようにギリギリのところで親会社説を維持しています。

　少数株主持分（当時）を純資産に含めるのと時を同じくして，「**株主資本**」という純資産の区分が登場したのです。ここでいう「株主」とは，親会社の株主です。

　つまり，現在は純資産の部を株主資本と非支配株主持分に分け，親会社株主帰属額を「株主資本」として表示する形を取っているわけです。これ

によって，「株主と言ったら親会社株主だけ」という親会社説の立場を一応保っているわけです。

　親会社説を取る日本基準が連結財務諸表で「株主」と言ったら親会社の株主しかいないわけですが，そんなことを知っている一般の方がどれだけいるでしょうか。親会社説というコンセプトを堅持したまま形だけIFRSを真似た結果，非常に分かりにくい形になってしまっていると思います。

　さらに言うと，純資産の部に計上されている「その他の包括利益累計額」と「新株予約権」は，親会社株主持分と非支配株主持分に分けられておらず，全株主に対する帰属額になっています。

　結局，現在の純資産は，全体としては全株主帰属額を意味し，その一部のみが親会社帰属額と非支配株主帰属額に分けられており，分けられていないものも併存している，という形になっています。

注意を要する「株主資本」

　純資産の部に「株主資本」という区分が登場するまでは，「株主資本」という言葉には制度上の明確な定義はありませんでした。概念的に「株主に帰属する資本」を意味する言葉として使われており，一般的には純資産と同義と解されていました。

　似たような言葉に，「自己資本」という言葉があります。これも制度上の言葉ではありません。概念的には「他人資本」の対語です。「他人資本」とは「他人の資本」という意味で，返済義務のある資本を言います。それに対して，「自己資本」は「自分のもの」ということですから，返済不要の資本のことを言います。つまり，他人資本は負債のことであり，**自己資本は純資産のこと**です。

　かつては，自己資本と株主資本は同義であり，いずれも純資産を意味していたわけです。したがって，たとえば「自己資本比率」と言っても「株主資本比率」と言っても，意味するものは貸借対照表全体に占める純資産の比率でした。

　しかし，現在は「株主資本」には制度的に明確な意味が付されています。**現在の「株主資本」は親会社株主帰属額という意味です。純資産とは同一ではありません。**

　自己資本は，他人資本に対する「返済不要の資本」ですから，今も昔も純資産です。

　株主資本と自己資本という2つの言葉にはこのような違いがありますから，両者を混同するような使い方は避けるべきでしょう。

第3章

収益性分析

1 「利益率」の分母に何を使うか？

▌利益ではなく利益率を見る

本章から，具体的な財務分析の話に入っていきます。まずは収益性です。

収益性とは儲けの程度を見るものでした。儲けの程度とは要するに利益の程度のことですから，多くの人が最も関心を持つ分析テーマと言えます。それだけに，多くの論点があります。

今，図表3-1のような2つの会社があるとします。収益性が高いのはどちらの会社でしょうか。

図表3-1　2社の収益性比較

(単位：千円)

	A社	B社
元手資金	5,000	8,000
年間売上高	4,000	5,000
年間利益	400	600

収益性とは利益の程度ですから，利益を見てみましょう。このとき，「B社の方が利益が大きいから，収益性が高いのはB社」という見方もできなくはありませんが，そのような見方ではあまり意味のある分析になりません。なぜならば，B社の方が元手資金が大きい，規模の大きな会社だからです。規模が大きければ，売上高が大きいのも，利益が大きいのもほぼ当たり前です。

では，どうしたらいいかというと，利益の絶対額ではなく，利益を何かで割った利益率を使えばいいでしょう。そうすれば企業規模の大小に関わらず収益性を比較することが可能になります。

利益を何で割るか

利益率を使えばいいというところまでは，誰でも考え付くでしょう。では，「利益率」と言われた場合，利益を何で割るでしょうか。

おそらく，多くの人は売上高で割ると思います。実際，多くの人が利益を売上高で割ったものを当然のように「利益率」と考えていると思います。

それは，当然でも何でもありません。

同じ「利益率」でも，利益を何で割るかによって意味が全く変わってきます。したがって，少なくとも「売上高利益率」と，何で割っているのかが分かるように言うべきです。単に「利益率」と言うだけでは何も意味しません。

「そうは言っても，売上高利益率がやはり普通だろう」と思うかもしれませんが，それも間違いです。売上高利益率は1つの利益率としてもちろん存在しますが，企業の収益性を測る最初の指標としては必ずしも望ましくありません。なぜならば，**売上高利益率は，企業活動のいわば半分しか見ていない**からです。

それは，第2章で説明した「利益は仕組みが生み出す」というイメージが持てていれば容易に理解できるでしょう。

あらためて図表3-2を見てください。キャッシュの循環は株主と債権者という資金提供者から始まります。資金提供者から調達した資金を元に企業は資産という名の仕組みを作り，その仕組みを動かすことによって損益計算書の収益と費用を発生させ，差額として利益を生み出します。

ですから，利益が生み出される状況を最も大局的に捉えれば，利益というアウトプットを生み出すインプットは，資金提供者がこの企業に投下した投下資本なのです。

利益を売上高で割った利益率は，図表3-2の下半分しか見ていません。これが「企業活動の半分しか見ていない」ということです。

企業活動の全体を捉えるならば，**利益率の基本は，利益を投下資本で割**

図表3-2　収益性の基本は資本利益率

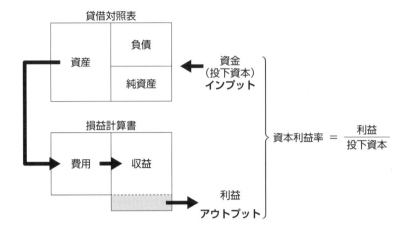

った**資本利益率**なのです。

分子と分母に何を使うか

収益性を大局的に見るには資本利益率が基本となりますが，では利益と投下資本には具体的にそれぞれ何を使ったらいいでしょうか。

代表的な具体例は以下の**ROA**と**ROE**です。

$$\text{ROA} = \frac{\text{事業利益}}{\text{総資本}} \times 100\,(\%) \qquad (3.1)$$

$$\text{ROE} = \frac{\text{当期純利益}}{\text{純資産}} \times 100\,(\%) \qquad (3.2)$$

ROAはReturn On Assetsの略です。日本語では「**総資本事業利益率**」といいます。日本語の名称は，基本的に式をそのまま読むだけです。

ROEはReturn On Equityの略です。これを日本語でどう言うかは微妙な問題を含みますが，ここでは「**株主資本利益率**」と言っておきましょう。

「微妙な問題」については後述します。

　さて，あらためてROAとROEの式を見てください。いずれも，何らかの利益を，投下資本である何らかのB/S項目で割っているので，資本利益率になっています。ところが，分子の利益も，分母の投下資本も，異なるものが使われています。

　これらの式は，間違っても覚えようなどと思ってはいけません。意味も分からず覚えても，それこそ意味がありません。

　重要なのは式の意味です。それを以下で説明していきましょう。

2　ROA

収益性の総合的指標

　まずはROAから行きましょう。

　ROAの意味は，**収益性の総合的指標**です。企業の収益性を総合的に見るために，**企業全体の平均的な儲ける力**を見ようとするものです。

　ここでのキーワードは，「全体」と「平均的」です。

　総合的指標ですから，誰がどのように資本を投下したかということは置いておいて，企業の仕組み作りのために投下された資本全体をインプットに使います。つまり，分母は負債と純資産の合計額である総資本です。貸借対照表の合計額ということです。これが1つ目のキーワードの「全体」です。

　企業に投下された資本の総額が，資産という名の仕組みになり，その仕組みが全体としてアウトプットである利益を生み出しているのです。

　その利益に何を使うかですが，ここでポイントになるのが，もう1つのキーワードである「平均的」です。

　ゴルフをやる方は何かとスコアを話題にすると思います。「どれくらいのスコアで回りますか？」と聞かれたとき，ベストスコアを答える人もワーストスコアを答える人も普通はいません。多くの人は「大体100ぐらい

ですかねぇ」などと答えます。「大体」という枕詞を付けて，平均スコア
を答えるわけです。

ベストスコアもワーストスコアも，その人に起きた事実ではありますから，
それを答えても嘘にはなりません。それでもそうせずに平均を答えるのは，
平均を答えた方が自分の実力がうまく伝わると多くの人が思うからです。

ROAも同じです。ROAで「企業全体の平均的な儲ける力」を見るとい
うのは，一言で言えば，企業の「**真の実力**」を見ようということです。

このように式の意味を理解することがまず重要なのです。そのような理
解があって，「そういう意味にするには，分子にどういう利益を使えばい
いだろうか」というのが話の順序です。

経常利益を使うのが基本

平均的な利益としてふさわしいのは経常利益です。経常利益とは，企業
の経営活動全体において定常的に発生する"コンスタント利益"だからです。

経常利益より下の特別利益は滅多に起こらないベストスコアであり，特
別損失は滅多に起こらないワーストスコアです。経常利益は，それらを含
まない平均的な利益というわけです（図表3-3）。

図表3-3　ROAは「企業全体の平均的な儲ける力」

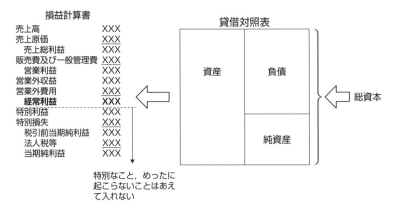

ROAの分子には，この経常利益を使うというのが基本です。実際，経常利益をそのまま使うROAは，書籍や実務においてよく見かけます。つまり，経常利益バージョンのROAもよく使われるということです。

事業利益

しかし，式（3.1）の分子は事業利益になっています。事業利益とは，以下のように経常利益に少々修正を加えたものです。

$$事業利益 ＝ 経常利益＋支払利息 \tag{3.3}$$

経常利益は支払利息が控除された後の利益です。したがって，式（3.3）では，控除された支払利息を足し戻して，支払利息の影響を打ち消しているのです。

なぜ，このような調整をするのでしょうか。

今，図表3-4のように，資産が全く同じ2つの企業があるとしましょう。利益は仕組みが生み出しますから，仕組みである資産が同じであれば，それが生み出す平均的な利益は同じはずです。

図表3-4　資産が同じ2つの企業

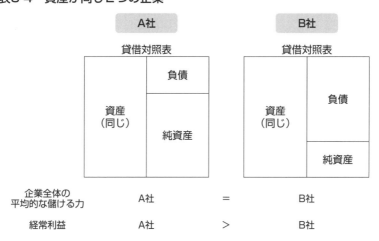

一方，両者の貸借対照表の右側を見てみると，B社の方が負債が多くなっています。このような両者を経常利益で比較したらどうなるでしょうか。負債の多いB社の方が支払利息負担も大きいはずですから，支払利息控除後の経常利益はB社の方が小さくなるはずです。つまり，経常利益にはA社とB社で違いが出ます。

　しかし，この違いは儲ける力の違いとは次元の異なる違いです。利益は仕組みが生み出すわけですから，儲ける力とは貸借対照表の左側のパフォーマンスの話です。ところが，支払利息の多寡に伴う違いは，資金調達源泉という貸借対照表の右側に関する違いです。だから次元が異なるのです。

　これは，次のように考えると分かりやすいでしょう。

　AさんとBさんが全く同じ家を買ったとします。立地条件，土地面積，床面積，間取り，設備等，すべて同じです。そのような家の住み心地は同じはずです。なぜならば，住み心地というのは，家という仕組みのパフォーマンスだからです。仕組みが全く同じならば，そのパフォーマンスである住み心地も同じはずです。

　ところで，Aさんは多くの自己資金を持っていたので，ローンにはあまり頼らずにその家を買いました。一方のBさんは，それなりにローンに頼って買いました。

　そのような2人を家計全体で比べたら，ローンの負担の大きいBさんの方が少々苦しいということになるでしょう。しかし，それは家の住み心地とは別次元の話です。

　経常利益で比較したときの差異は正にこの差異です。**貸借対照表の左側である仕組みのパフォーマンスを分析する際に，右側の資金調達源泉に基づく支払利息はノイズになる**のです。そのノイズを消すために，経常利益に支払利息を足し戻すのです。

　一般に，**貸借対照表の左側に関する活動を「事業活動」**と言い，**右側に関する活動を「財務活動」**と言います。支払利息を加算調整することによって，財務活動の違いを含まない純粋な事業活動の利益になるのです。こ

れが「事業利益」と言われる所以です。

事業利益にも複数のバージョンがある

　事業利益は制度上の利益ではないので，これにも複数のバージョンが存在します。どれを使うかは，最終的には分析者の分析目的によります。

　日本でよく見られる他の定義式には，以下のようなものがあります。

事業利益　＝　営業利益＋受取利息＋受取配当金　　　　（3.4）

　式（3.4）は，営業利益に営業外収益の主要項目である受取利息と受取配当金を足しています。したがって，大まかに言うと，営業利益に営業外収益を加えた利益を計算しています。

　一方，式（3.3）の支払利息は営業外費用の主要項目ですから，大まかに言うと，経常利益から営業外費用を控除する前の利益を計算しています。

　ということは，式（3.4）も式（3.3）も，営業外収益と営業外費用の間ぐらいを計算していることになります（図表3-5）。したがって，数値的には大差はないでしょう。

　しかし，筆者は個人的には式（3.4）は使いません。なぜならば，なぜ受取利息と受取配当金だけを加算調整するのかが，自分で説明できないからです。

　どの式を使うべきかについて説明できるというのは，財務分析において重要なところです。なぜならば，**どこまで調整するかはケースバイケース**だからです。

　たとえば，支払利息とは別に社債利息を計上している企業があります。そのような場合，果たしてそれは調整すべきかどうかということを自分で判断できなければなりません。

　式（3.3）はそれが明確です。式（3.3）の意味は，「事業利益は貸借対照表の左側を起因とする利益」ということですから，貸借対照表の右側を起因とするものはすべて調整対象になります。したがって，社債という負債

図表3-5　事業利益にもいろいろある

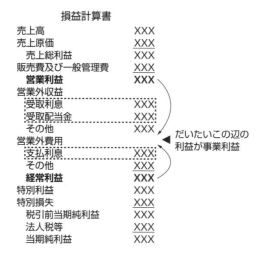

を起因とする社債利息も調整対象になります。そのような調整をしないと，事業活動の比較分析になりません。

　ところが，式（3.4）では，受取利息と受取配当金だけを加算調整する理由を自分で説明できないので，そのような判断ができないのです。

　もし，式（3.4）を自分なりに説明できるというのであれば，式（3.4）を使ってももちろん結構です。すべては分析者の判断次第です。

欧米バージョンの事業利益

　事業利益には欧米バージョンもあります。

　経常利益は日本独自の利益概念です。米国基準にもIFRSにもありません。そのため，米国基準やIFRSを採用する企業においては，支払利息を足し戻す際に，式（3.3）のように経常利益をベースにできません。

　欧米の財務諸表では，営業利益の次はもう税引前当期純利益しかありませんから，事業利益は以下のように計算することになります。

$$事業利益 ＝ 税引前当期純利益＋支払利息 \qquad (3.5)$$

これは**EBIT**と呼ばれるものです。EBITとは，Earnings Before Interest and Taxですから，直訳すれば「利息と税金を支払う前の利益」ということです。正に式（3.5）そのものです。

EBITの狙いは，「財務活動の影響を受けない利益」を計算することです。実は，順番としてはこちらの方が先で，それに相当する利益概念として「事業利益」というのが後から作られたというのが事の成り行きです。

そういう意味では，式（3.5）が本家本元の事業利益ともいえます。

▌IFRS採用企業が使う「事業利益」とは違う

第2章5で述べたように，IFRSを採用する日本企業の中には，独自に事業利益を計算して開示したりIRで使用したりしている企業があります。そこでいう「事業利益」と，本節の「事業利益」は全く異なりますので，注意が必要です。

あらためて説明しておくと，IFRS採用企業がいう「事業利益」は日本基準の営業利益に相当する利益です。

しかし，それを「事業利益」というのはあまり望ましくありません。

そもそもの言葉の意味として，事業活動とは貸借対照表の左側に関する活動です。事業活動は，その企業の本業に関わる「営業活動」と，金融取引のような「非営業活動」を含みます。

そして，事業利益とは事業活動に起因する利益であり，営業利益とは営業活動に起因する利益です。

したがって，日本基準の営業利益に相当する利益を事業利益というのは整合性に欠けます。

ただ，「日本基準の営業利益」という意味で「事業利益」という言葉を使っている人が一定数存在する以上，あるべき論を振りかざしても今さらどうにもなりません。重要なことは，財務分析でいう「事業利益」と，

IFRS採用企業がいう「事業利益」は意味が違うということを理解しておくことです。

▎営業利益バージョン

ここまで説明してきたように、ROAを「企業全体の平均的な儲ける力」という意味にするには、ROAの分子には事業利益を使うのが最も合理的です。

ただ、式（3.3）の事業利益を計算するのは少々面倒です。経常利益に対して調整すべき項目を、損益計算書の中身を見て拾い出さなければならないからです。

それが面倒であるために、既に述べた経常利益バージョンがあるのです。経常利益を使う理由は計算の簡便性です。経常利益バージョンのROAは非常によく見ます。

計算の簡便性ということでは、もう1つ方法があります。

式（3.3）の事業利益は営業外収益と営業外費用の間ぐらいの利益です。言葉を換えれば、営業利益と経常利益の中間のような利益です。それを経常利益で代用するならば、営業利益で代用したっていいはずです。これがもう1つの方法です。

事業利益を営業利益で代用する方法は、式（3.4）の受取利息と受取配当金の加算を省略したものと考えてもいいでしょう。

実際、営業利益バージョンも、少数ではありますが書籍や実務において散見されます。

ROAの分子に営業利益を使うのは基本的には計算の簡便性のためですが、ROAを「本業のROA」という意味にしたいのであれば、営業利益を使うことには積極的な意味が出てきます。

ただ、「本業のROA」という意味にしたいのであれば、本来ならばROAの分母も調整すべきです。総資本という貸借対照表の合計額には、営業利益を生み出す原因になっていない非営業活動に関するものが含まれているからです。営業利益を総資本で割ってしまうと、分母が過大になり、

ROAが過小になってしまいます。

　そのため，厳密に「本業のROA」という意味にしたいのであれば，分母から非営業活動に関する有価証券等の金融資産を控除するべきです。

　ただし，そこまでやるかどうかは分析者の分析目的によります。

3 ROE

ROEは「株主から見た収益性」

　ROAが総合的な収益性指標であるのに対し，**ROEは株主という特定の利害関係者**だけから見た**収益性指標**です。株主がどれだけ資本を投下し，それに対してどれだけのリターンが株主にあるかを見る指標です。

　式（3.2）で示したROEの定義式を以下に再掲します。

$$ROE \ = \ \frac{当期純利益}{純資産} \times 100 (\%) \qquad (3.2)$$

　ROEが「株主から見た収益性指標」ということが理解できていれば，ROEが式（3.2）のようになる理由も理解できるでしょう。

　まず，分母には株主に帰属する純資産を用います。それに対して，分子には株主へのリターンの源泉である当期純利益を用います。当期純利益に基づいて配当という形で株主に還元されるからです。

　ROEは，上場企業が重視する財務指標の1つですが，非上場企業にとっては重要性はそれほど高くないかもしれません。非上場企業においては株式の譲渡が困難ですから，株価の上昇益が顕在化することはほとんど期待できません。また，配当をほとんどしていない企業も少なくないでしょう。そのような企業においては，「株主から見た収益性」を分析する意義はほとんどありません。

世の中，ROEを重視する風潮が強いですが，だからと言ってすべての企業にとって等しく重要というわけではないということです。そういうことも，式の意味を理解して自ら判断できることが重要です。

非支配株主の扱い

　ROEは，式（3.2）のように，当期純利益を純資産で割ったものと説明しました。実務的にもそのように計算されることが多いと思います。

　しかし，式の意味を考えずに機械的に計算していると，全く意味のない計算をしてしまっている可能性があります。特に，2015年3月期以前における日本基準ベースの連結財務諸表に基づいて計算する場合は注意が必要です。

　第2章7で説明したように，2015年3月期以前は，日本基準ベースの連結財務諸表における当期純利益は，親会社株主に対する帰属額です。非支配株主に対する帰属額は含まれていません。

　一方，純資産には非支配株主持分が含まれているため，純資産は全株主に対する帰属額になっています。

　分子は親会社株主帰属額，分母は全株主帰属額になっているので，両者の比率を計算しても，**どの株主に対する収益性を計算しているのか意味不明な計算になってしまう**のです。

　では，どうするのが正解でしょうか。実は，唯一の正解があるわけではありません。これも分析目的によります。分析者がどの株主に対する収益性を計算したいかによるのです。

　親会社株主に対する収益性を計算したいのであれば，分母・分子とも親会社株主帰属額だけにするべきです。一方，全株主に対する収益性を計算したいのであれば，分母・分子とも全株主帰属額だけにするべきです。

　ただし，純資産を厳密に親会社株主帰属額だけに調整するのは簡単ではありません。子会社の純資産のすべてが親会社持分と非支配株主持分に按分されているわけではないからです。

　1つの方法として，ROEの分母には純資産の内訳項目である「株主資本」
を使い，分子には当期純利益の親会社帰属額を使うという方法が考えられ
ます。そうすれば，「顕在化している親会社株主から見た収益性」という
意味になります。

　なお，**2015年4月以降は，連結財務諸表の当期純利益は全株主帰属額に**
なりましたので，何も考えずに当期純利益を純資産で割っても意味のある
計算になります。その場合は，言うまでもなく，「全株主から見た収益性」
という意味になります。

　いずれにしても，2015年4月を境に当期純利益の意味が変わっています
ので，時系列で指標の連続性が保たれていません。2015年4月をまたがっ
て時系列分析する場合は注意が必要です。

4　分母には平均を使う

　ROAもROEも，**分母の資本項目には前期末と当期末の平均値**を使いま
す。そうしないと，分母と分子が時間的に対応しないからです。

　ここでのポイントは，第2章1で述べた貸借対照表と損益計算書の情報
の性質の違いです。すなわち，分子の利益はフロー情報，すなわち期間情
報であり，分母の資本項目はストック情報，すなわち時点情報だというこ
とです。

　同じ数字でもそれが指し示している時間が異なるため，それをそのまま
分母と分子に使うと時間的に対応しないのです。

　「利益は仕組みが生み出す」という観点で考えても，損益計算書の利益
は期末時点の貸借対照表がポンと生み出したわけではありません。その時々
の貸借対照表（＝仕組み）がその時々に利益を生み出し，それが損益計算
書に累計額として計上されているのです。

　そこで，分母の資本項目については前期末との平均を使います。そうす
れば，分子の利益項目と時間的に整合するというわけです（図表3-6）。

図表3-6　分母の資本項目は前期末と当期末の平均

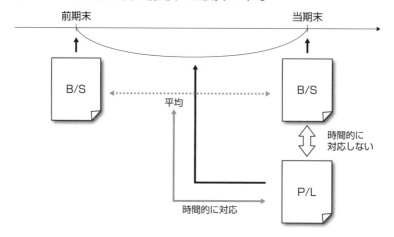

　実務的には，分母の資本項目には平均を使わず，期末時点の残高を使ってしまうこともあります。また，平均を取っても取らなくても，計算結果に大差がないことも少なからずあります。貸借対照表は，人間で言えば体格を表すものですが，大人の体格が1年程度ではそうそう変わらないように，貸借対照表も1年程度ではそれほど大きく変わらないことが多いからでしょう。

　しかし，成長期の子どもであれば，1年でも体格は大きく変化します。それは企業で言えばベンチャー企業のようなものです。また，成熟した大人になった後でも，結婚すれば世帯のサイズがいきなり倍になります。それは，企業で言えばM&Aをしたようなものです。

　このようなことを考えると，分母の資本項目にはやはり平均を使った方が企業の実態がよりよく反映されると言えるでしょう。

ケーススタディ 1 　自動車メーカのROA

　図表3-7は自動車メーカのROAです。この当時，トヨタ自動車（トヨタ）と

本田技研工業（ホンダ）は米国基準，それ以外は日本基準を採用していましたので，ここでは欧米バージョンの事業利益（税引前当期純利益に支払利息を足し戻したもの）を用いています。

図表3-7　自動車メーカのROA

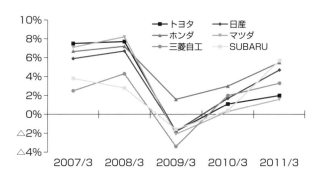

　これを見ると，2009年 3 月期が明らかに異常な動きになっていることが分かります。これは2008年の秋に起こったリーマン・ショックの影響です。

　この年度が異常であることが一目で分かるのは，複数年度を視覚化しているからです。グラフ化せず，単に数字を見ているだけでは，どれほど異常かはピンと来ないでしょう。グラフという視覚に訴えるからこそ，スパイク状の変化が一目で分かるのです。

　ましてや，2009年 3 月期にその年度だけを計算していたら，異常であることにさえ気付かないかもしれません。それでは大きく判断を誤る可能性があります。2009年 3 月期については，異常な年度であることを踏まえた上で分析しなければ，適正な分析にはなりません。

　リーマン・ショック前の2008年 3 月期までが定常状態だとすれば，ROAはトヨタとマツダが 8 ％前後，それにホンダと日産自動車（日産）が続き，少々水をあけられて三菱自動車工業（三菱自工）とSUBARUが 2 ～ 4 ％であることが分かります。

5 ROAの分解〜売上高事業利益率，総資本回転率〜

ROAをさらに掘り下げて分析するにはROAを分解する必要があります。「分析」とは，「分けて解析する」ことですから，式を分解して考えるのは分析の基本的なアプローチです。

ROAは以下のように分解するのが基本です。

$$\text{ROA} = \frac{\text{事業利益}}{\text{総資本}} \times 100(\%)$$

$$= \underbrace{\frac{\text{事業利益}}{\text{売上高}} \times 100(\%)}_{\text{売上高事業利益率}} \times \underbrace{\frac{\text{売上高}}{\text{総資本}}(\text{回})}_{\text{総資本回転率}} \tag{3.6}$$

この式は図表3-8のように後ろから読むと意味が分かります。すなわち，**「総資本が仕組みになってどれだけ売上高を生み出し，その売上高から費用が引かれてどれだけ利益が残ったか」**という見方をしているのです。

図表3-8　ROAの分解

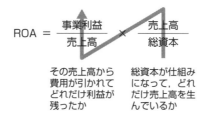

式（3.6）の第1項目を**売上高事業利益率**，第2項目を**総資本回転率**といいます。大まかに言うと，売上高事業利益率は損益計算書のパフォーマンスを，総資本回転率は貸借対照表のパフォーマンスを表しています。このように分解することによって，ROAの良し悪しの原因を掘り下げるこ

とができるようになります。

　ROAは収益性，すなわち利益の程度を測るものですから，とかく損益計算書に目が行きがちです。

　ところが，上記の分解から分かるように，**ROAを向上させるためには，損益計算書の改善のみならず，貸借対照表の改善も必要なのです**。両者をバランスよく改善することによって，ROAを向上させることができるのです。

　なお，総資本回転率は百分率にせず，「回」という単位を用います。

6　売上高事業利益率

売上高利益率は売上高と費用の兼ね合いで決まる

　まずは売上高事業利益率から見ていきましょう。売上高事業利益率を上げるためにはどうすればいいでしょうか。

　式の上で考えれば，分子を上げるか，分母を下げればいいことになります。分子を上げるとは利益を上げることです。一方，分母を下げるとは売上高を下げることです。収益性を高めるためには売上高を下げた方がいいというのは，さすがに直感に反します。

　なぜこのようなことになるのでしょうか。それは，独立変数だけを用いて分解していないからです。

　要素分解する際は独立変数だけを用いるのは分析の基本です。独立変数だけを用いて分解しないと，このようにおかしな話になるのです。

　売上高事業利益率について言えば，売上高と費用は他の変数に依存しない独立変数ですが，分子の利益は売上高と費用から計算される従属変数です。したがって，これを独立変数で表現しなければなりません。

　ここでは事業利益を一般的に利益ということにして，利益＝売上高－費用としましょう。すると，売上高（事業）利益率は図表3-9のようになり

ます。

最後の式を見れば，売上高利益率を上げるためには，売上高費用率を下げればいいことが分かります。そのためには，分子の費用を下げるか，分母の売上高を上げればいいことになります。

図表3-9　売上高利益率

$$
\begin{aligned}
\text{売上高利益率}\uparrow &= \frac{\text{利益}}{\text{売上高}} \\
&= \frac{\text{売上高}-\text{費用}}{\text{売上高}} \\
&= 1-\frac{\text{費用}\downarrow}{\text{売上高}\uparrow}
\end{aligned}
$$

これでやっと直感的にもしっくりくる結論になりました。**売上高利益率は，売上高と費用との兼ね合いで決まる**わけです。

「兼ね合いで決まる」の真意

売上高利益率を上げるためには費用削減が重要と思うかもしれませんが，それは少々違います。

費用と言うと，多くの人はすぐに「削減」と言います。ほとんど条件反射のように，「費用」と聞けば「削減」と言います。要はそれほど嫌われ者だということです。

なぜ費用がそれほどまでに嫌われるかというと，キャッシュの流出原因になるからです。しかし，費用を考える際にはもう一つ，決して忘れてはならない重要な側面があります。

それは，**費用は売上高の源泉でもある**ということです。ビジネスにおいて，お金をかけないところから新たな富は生まれないのです。

これは筆者の造語ですが，費用には「**善玉コスト**」と「**悪玉コスト**」が

あるのです。キャッシュ・アウトの原因にしかならない費用が悪玉コストです。これは徹底的に削減すべきコストです。一方，売上の源泉となる費用は善玉コストです。これはむしろ増やしてもいいのです。

　業績が悪化した企業にありがちですが，「費用一律10％削減！」などという大号令は無策の極みです。**重要なのは，善玉コストと悪玉コストを見極め，そして悪玉コストだけを削減し，善玉コストはむしろ「増やせ！」と言えるかどうかです。**

　もし，善玉コストを削減すると，今まで以上に売上高が減少しますから，相対的な売上高費用率は上がってしまいます（図表3-10(a)）。これでは本末転倒です。

　善玉コストならば増やしてもいいのです。その結果，売上高が今まで以上に増えてくれれば，相対的な売上高費用率は下がります（図表3-10(b)）。これは，いわば「いい費用増加」です。

　これが，「売上高利益率は売上高と費用の兼ね合いで決まる」ということの真意です。

　多くの人があまりにも「費用削減」と言うからか，費用削減が自己目的化している場合がありますが，**費用削減は目的ではありません。**単なる手

図表3-10　売上高と費用との"兼ね合い"が重要

(a)　善玉コストを削減した場合

(b)　善玉コストを増加させた場合

段の1つです。**本当の目的は利益を増やすことです。**そのためには，費用を増やすという手段もあり得るのです。

7 総資本回転率

総資本回転率は「金回り」

ROAを分解した第2項目の総資本回転率は以下の式でした。

$$総資本回転率 ＝ \frac{売上高}{総資本}（回）\tag{3.7}$$

　総資本回転率は売上高事業利益率に比べると今一つピンと来ない指標かもしれません。

　分母の総資本は，企業の仕組み作りのために投じられた資金の総額です。これが設備等の仕組みになり，仕組みを使うことによって製品やサービスを生み出し，販売することによって売上高として投下資金を回収します。これが企業における資金の循環です。総資本回転率は，投下資本である総資本が売上高によってどれだけ回収されているかを見ているのです（図表3-11）。

　総資本回転率は，企業における金回りの良し悪しを見ていると言えます。

　たとえば，コンビニエンスストアのような業態では店舗も賃借が普通ですから，それほど大きな仕組みは必要なく，多額の投下資金も必要ありません。高々数百円程度の日用品を仕入れては販売するというビジネスです。このようなビジネスは金回りがいいビジネスです。総資本回転率は高くなります。

　一方，製造業のような業態では，工場や設備などの大規模な仕組みを用意する必要があります。したがって多額の投下資金が必要となります。そ

して，その仕組みを何年にもわたって使うことにより投下資金を回収するというビジネスモデルです。このようなビジネスは金回りがよくありません。総資本回転率は低くなります。

図表3-11　総資本回転率は「金回り」

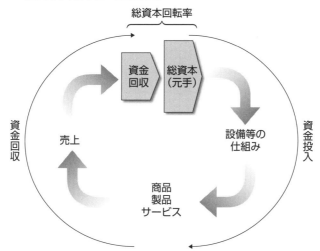

これが総資本回転率のイメージです。

上記の例から，総資本回転率の重要な性質の1つが分かります。それは，**総資本回転率は，良し悪し以前に業種特性が非常に出る**ということです。大きな仕組みをそれほど必要としない流通業や小売業は総資本回転率が高く，大きな仕組みを必要とする設備産業や装置産業は総資本回転率が小さくなるのです。

日本企業の収益性

図表3-12は日本における主要業種の収益性です。

全産業で見ると，ROAと売上高事業利益率はともに5％前後です。**ROAも売上高事業利益率も「5％を超えたらまぁいい方，10%超えたら**

かなりいい方」というのがざっくりした感覚でしょう。

　ROAと売上高事業利益率とがほぼ同じであることから分かるように，総資本回転率は1回弱です。全産業で見れば，**平均的には「自分の体格（＝貸借対照表の総額）と同じ売上高を毎年生み出す」**ということです。

　ROEは，かつての日本企業は非常に低く，5％に満たない水準が長く続きましたが，最近では平均で8％を上回っています。これは，2014年8月に公表された，いわゆる「伊藤レポート」において，「最低限8％を上回るROEを達成することに各企業はコミットすべきである」と明記されたことが少なからず影響しているものと思われます。

図表3-12　日本における主要業種の収益性

		全産業	製造	建設	情報通信	運輸	卸・小売	不動産	サービス
ROA(%)	2014	4.6	5.9	5.3	6.7	4.0	4.0	3.3	4.2
	2015	4.7	5.6	5.6	8.1	4.5	3.9	3.4	4.5
	2016	5.0	5.7	6.7	8.8	4.1	3.9	3.9	5.4
	2017	5.3	6.4	6.5	9.4	4.3	4.7	4.0	4.7
	2018	5.1	6.0	6.5	8.7	4.3	4.3	3.2	5.2
売上高事業利益率(%)	2014	4.9	6.2	4.0	8.4	5.4	2.2	15.2	6.9
	2015	5.2	6.2	4.5	9.3	6.3	2.3	13.3	7.8
	2016	5.6	6.4	5.3	10.3	6.2	2.3	14.4	9.4
	2017	5.8	7.3	5.0	10.8	6.3	2.6	16.0	8.7
	2018	5.9	6.9	5.3	10.1	6.1	2.6	13.0	10.3
総資本回転率(回)	2014	0.94	0.94	1.32	0.81	0.74	1.80	0.22	0.61
	2015	0.91	0.90	1.23	0.86	0.71	1.68	0.25	0.58
	2016	0.90	0.89	1.27	0.85	0.67	1.70	0.27	0.58
	2017	0.91	0.88	1.31	0.87	0.68	1.80	0.25	0.54
	2018	0.86	0.87	1.24	0.86	0.71	1.68	0.25	0.50
ROE(%)	2014	7.0	7.9	8.8	7.7	5.8	6.4	6.2	5.7
	2015	6.7	7.2	8.4	9.3	5.3	5.6	5.6	6.1
	2016	7.6	7.4	10.9	10.5	6.3	5.9	7.7	7.9
	2017	8.8	9.6	10.6	12.1	8.4	7.7	7.7	7.4
	2018	8.3	8.5	9.7	11.7	7.7	7.7	7.7	7.8

出所：財務省・財務総合政策研究所「法人企業統計調査」より作成

ケーススタディ 2　オリエンタルランドの総資本回転率

オリエンタルランドの事業の本質は？

　図表3-13はオリエンタルランドの収益性を他業種と比較したものです。これを見ると，オリエンタルランドのROAの高さがはっきりと分かります。他のほとんどの業種が 5 ％前後であるのに対し，オリエンタルランドだけが10％を優に超えています。「10％を超えればかなりいい方」という感覚からしても，その高さが分かるでしょう。

図表3-13　オリエンタルランドと他業種の収益性の比較

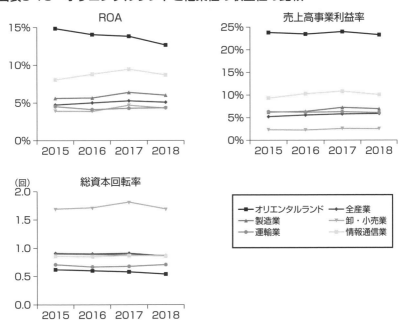

出所：財務省・財務総合政策研究所「法人企業統計調査」および有価証券報告書より作成

　ROAを売上高事業利益率と総資本回転率に分解してみると，高いROAを牽引しているのは売上高事業利益であることが分かります。全産業における売上

高事業利益率の平均が5％程度であることを考えると，25％に届きそうな同社の売上高事業利益率は非常に高いと言っていいでしょう。

　一方，総資本回転率は図表3-13の中で万年最下位です。売上高事業利益率が25％弱もあるのに，ROAが10％強にとどまっているのは，総資本回転率が足を引っ張っているからです。

　これをどう考えるかです。

　「オリエンタルランドの弱点は総資本回転率の低さである」という見方もあるかもしれませんが，ここは「なるほど。オリエンタルランドのビジネスはそういうことか」と考えるべきところです。

　オリエンタルランドのビジネスとは一体何でしょうか。サービス業，レジャー産業等，いろいろな言い方があると思いますが，総資本回転率から言えることは，**オリエンタルランドには装置産業という側面がある**ということです。

　オリエンタルランドの主たるビジネスであるテーマパーク事業は，広大な土地にアトラクションという名の装置を数多く作り，そこに毎日遊びに来てもらうことで長年にわたって資金を回収する，典型的な装置産業といえるのです。

　それが総資本回転率の低さに如実に表れているのです。これが「総資本回転率には業種特性が非常に出る」ということです。

　したがって，オリエンタルランドの総資本回転率の低さは「問題」ではありません。「当然」なのです。

　ただし，時系列で見るとROAが下落傾向にあります。売上高事業利益率はほとんど変わらない一方で，総資本回転率が下がっていますから，ROA下落の原因は明らかに総資本回転率の悪化にあります。全体的な傾向として総資本回転率が低いのは当然だとしても，低いより高い方がいいに決まっています。したがって，時系列で悪化している点については問題がある可能性があります。

　その点についてさらに分析してみましょう。

　総資本（＝調達資金の総額）が大きいのは総資産（＝仕組みの総額）が大きいからなので，総資産と売上高の変化を見てみましょう。図表3-14はオリエンタルランドの総資産と売上高の推移です。これを見ると，売上高は増加していますが，

それ以上に総資産が増加していることが分かります。総資本回転率が悪化している原因は，売上高の増加スピードを上回る総資産の増加にあるようです。

図表3-14　オリエンタルランドの総資産と売上高の推移

では，何が総資産を増加させているのでしょうか。それを分析したのが図表3-15です。これは，2015年3月期から2018年3月期までの総資産の増加額の内訳を見たものです。これを見ると，総資産の増加のほとんどは現金及び預金の増加によってもたらされていることが分かります。

おそらく，これが総資本回転率を引き下げている原因です。なぜならば，現金及び預金，すなわち**キャッシュは，それ自体は新たな富は生まない**からです。キャッシュは何かに使って初めて新たな富を生み出します。オリエンタルランドであれば，新たなアトラクション等の建設などです。

もし，総資産の増加が有形固定資産によるものであれば，新たな投資が売上に貢献していないことを意味しますから，それは問題です。しかし，有形固定資産には大きな増加は見られません。売上高事業利益率は変わらず高水準を維持していますから，それまで投資してきた仕組みが順調に富を生んでいるということでしょう。それによってキャッシュも増加しているわけです。

増加しているキャッシュを次に何に振り向けるかは考える必要はありますが，この時期の総資本回転率の低下は刈り取り期に見られる動きということで，問題ないと言ってよさそうです。

図表3-15　オリエンタルランドの総資産増加額の内訳

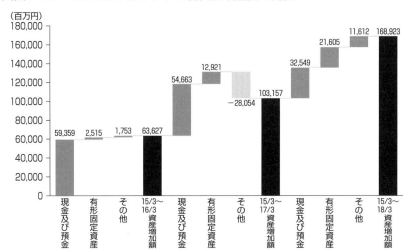

このような「投資（種まき）→売上増加（刈り取り）」というサイクルを繰り
返せるかどうかが，装置産業が成功するかどうかの重要なポイントでしょう。
それが非常によく分かるのが図表3-16です。これは，オリエンタルランドがディ
ズニーシーを開園する前後の推移です。

　同社はディズニーシーの開園と同時期に，商業施設（イクスピアリ），ホテル
2軒（アンバサダーホテル，ホテルミラコスタ），そしてモノレール（リゾート
ライン）も稼働させています。

　総資産を見ると，これらの設備が稼働するまでは増加し続けていますが，稼
働後は減少し始めます。稼働によって償却が始まるからです。

　それに伴って，売上高が跳ね上がっています。刈り取り期の始まりです。そ
して，総資本回転率がV字状に回復しています。もし，投資をしてもそれが売
上高に貢献しなければこうはなりません。総資産だけを増やすことになります
から，総資本回転率は小さいままです。

図表3-16　ディズニーシー開園前後の変化

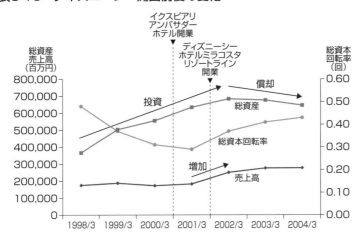

マラソン選手とお相撲さん，どちらが優れたアスリート!?

　オリエンタルランドのケースからも分かるように，総資本回転率を異なる業種で比較することはほとんど意味がありません。**異なる業種で総資本回転率を比較するのは，マラソン選手とお相撲さんのどちらが優れたアスリートかを比較するようなもの**です。

　総資本回転率は，人間で言えば体格（＝総資本）と，それが生み出すパワー（＝売上高）との比率のようなものです。マラソン選手とお相撲さんは，体つきも違えば力の出し方も違います。それは種目が異なるからです。したがって，両者を比較すること自体，意味がないのです。

　逆に考えると，**業種が同じであれば総資本回転率は同じような値になる**という仮説が立てられます。ビジネスモデルが同じなら，求められる仕組みとそれが生み出す売上高のバランスは似通ったものになるはずだからです。それは，「仕組みが富を生み出す」ということからも理解できるでしょう。

　ということは，同じ業種で比較して差が出たら，そこには何らかの問題がある可能性が出てきます。

　同じ業種で総資本回転率が小さい場合，考えられる理由は分子が小さすぎる

か分母が大きすぎるかのいずれかです。分子が小さすぎる場合とは，仕組みに見合った売上高を出せていない状態です。分母が大きすぎる場合とは，売上高に貢献しない仕組みがたくさんある状態です（図表3-17）。

図表3-17　総資本回転率が小さい理由

パワーが小さい	体格が大き過ぎる
総資本（体格）に対して 売上高（パワー）が見劣りする	売上高（パワー）に対して 総資本（体格）が大き過ぎる

売上高 ↓
総資本

売上高
総資本 ↑

　売上高に貢献しない仕組みとは，人間で言えばぜい肉です。お相撲さんはかなりの部分が筋肉ですが，お相撲さんのようにいい体をしていてもそれがぜい肉ならば，売上高というパワーは出せません。

ケース スタディ 3　自動車メーカの収益性

　それでは，同業種でROAを分解してみましょう。
　図表3-18は，図表3-7で計算した自動車メーカのROAを売上高事業利益率と総資本回転率に分解したものです。

図表3-18　自動車メーカの収益性

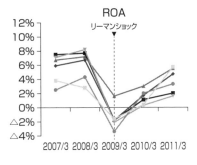

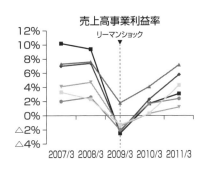

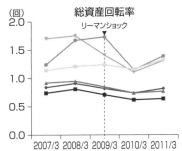

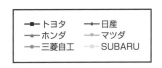

　総資本回転率を見ると，常に最も低いのはトヨタ自動車（トヨタ）です。同じ業種で比較して最も低いとなると，これは少々問題です。トヨタは，少々メタボリック症候群のような体型になっている可能性があります。

　売上高事業利益率を見ると，リーマン・ショック前はトヨタが頭一つ抜きん出ています。しかし，リーマン・ショック後は2010年3月期から2011年3月期にかけて回復が鈍化しています。

　ここに，総資本回転率の低さが関係している可能性があります。平時においては少々の肥満体はそれほど問題になりません。むしろ，お金持ちの人ほど恰幅がよかったりします。それは贅沢な食事をしているからかもしれません。

　ところが，リーマン・ショックのような異常事態が起きたときは話が変わってきます。「業績改善に向けてみんな走れ！」と言ったところで，肥満体では迅速に動けません。それが売上高事業利益率の回復の鈍化という形に表れたので

はないかと思うのです。

　上記の見方はあくまでも仮説ですが，トヨタはその仮説を裏付けるような行動に出ました。2016年4月から同社初となるカンパニー制を採用し始めたのです。

　カンパニー制とは，カンパニーと呼ばれる疑似的な会社に分ける組織形態です。主な狙いは意思決定の迅速化であるとトヨタは言っています。意思決定の迅速化を挙げるということは，意思決定が遅いという自覚があったということです。そのスピード感のなさが，総資本回転率の低さにも出ていると解釈できます。

ケーススタディ 4　総資本回転率と規模の関係

　あらためて図表3-18の総資本回転率を見てみると，明らかに2つのグループに分かれています。低いのはトヨタ，ホンダ，日産であり，高いのはマツダ，三菱自工，SUBARUです。どうやら，規模の大きい企業が低く，規模の小さい企業が高くなっています。

　ここから，総資本回転率は規模に対して反比例するのではないかという仮説が立てられます。

　図表3-19は，自動車メーカにおける総資本回転率と総資本の関係です。総資本という規模が大きくなるにつれて，総資本回転率が低くなっています。

　これは理論的には説明できませんが，直感的には納得のできることではないでしょうか。会社の規模が大きくなると，売上高に貢献しない仕組みをどうしても持ちがちです。一等地の立派な自社ビル，あまり使われない大きな会議室，高価な調度品，贅沢な役員室，骨董品や絵画。どれも必ずしも必要ありません。ということは，売上高に貢献しているとは一概には言えないということです。これは，人間も裕福になると，高価な食事を必要以上に取り，肥満になっていくのと似ています。

　実は，**総資本回転率が規模に反比例する**という傾向は，非常に多くの業種で見られます。

図表3-19　自動車メーカの総資本回転率と総資本（2019年3月期）

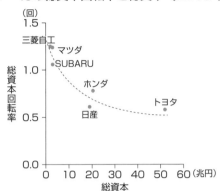

図表3-20は，日米欧における総合電機メーカの総資本回転率と総資本の関係です。ここでも総資本回転率が規模に反比例している様子が明確に見て取れます。

これはある種のパラドックスと言えます。企業においては誰しも利益を出そうとします。利益を出せばそれが内部留保される結果，貸借対照表が成長していきます。このようにして企業は規模が拡大していきます。そうやって**望んで成長した結果，自ら売上高を効率的に生み出せない体になっていく**のです。

図表3-20　総合電機メーカの総資本回転率と総資本

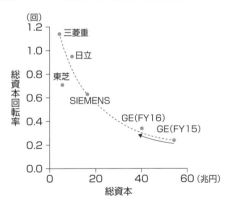

注：GEは2015/12期および2016/12期，SIEMENSは2016/9期，他は2017/3期

それを称して，「**大企業病**」と言うのかもしれません。

　一般的に，企業は飽くなき成長を目指し，またそれがいいことであると暗黙のうちに思われてきました。それに明確に逆行する企業が最近は出てきています。

　2017年11月15日付日本経済新聞朝刊に，「『小さいGE』へ転換」という記事が出ました。米ゼネラル・エレクトリック（GE）が「小さなGE」を目指すという内容です。

　GEといえば，コングロマリット型企業の成功事例とされてきた企業です。目指してきたのはひたすら企業を拡大することです。しかし，ジェフリー・イメルト氏がCEOだった時代に既に金融，プラスチック，メディアの大半から撤退し，その後2017年8月からCEOに就いたジョン・フラナリー氏はそれでも足りないと見て，さらなる事業整理に出たのです。

　図表3-20にその効果が見て取れます。総資本を縮小した結果，総資本回転率が改善しているのです。

　いまだに，「大きいことはいいことだ」という暗黙の価値観があるように感じます。多くの企業は規模の拡大に邁進し，重視する指標も利益より売上高です。大きな企業と取引できれば喜び，多くの学生たちが就職活動で目指すのも大企業です。

　要するに，いまだに多くの人が「大企業はいい企業」と思っているのです。

　しかし，客観的なデータが物語っているのは，**大企業の多くはメタボリック症候群に陥っている**という事実です。メタボリック症候群になれば動きが鈍くなります。速く走れなければ競争には勝てません。過去の蓄積でやっていけるのも時間の問題かもしれません。

　拡大こそが最大の戦略とでも言わんばかりだったのが，かつてのGEです。そのGEが方針転換したことは，**「大きいことはいいことだ」**という考えはもはや**幻想**であることを示唆しているのかもしれません。

8 欧米における収益性の捉え方

欧米で収益性といえばROE

ここまでの収益性の説明は，実は日本の通説に従った説明です。日本の通説の特徴は，ROAとROEを独立に捉える点にあります。

ところが，欧米における収益性の捉え方はこれとは少々異なります。欧米において収益性といえばROEです。それは株主重視という考え方が強いからでしょう。したがって，収益性と言えばROEがすべての出発点です。

ROEは以下のように分解できます。

$$
\begin{aligned}
\text{ROE} &= \frac{\text{当期純利益}}{\text{純資産}} \times 100\,(\%) \\[2mm]
&= \underbrace{\frac{\text{当期純利益}}{\text{総資産}} \times 100\,(\%)}_{\text{ROA}} \times \underbrace{\frac{\text{総資産}}{\text{純資産}}\,(\text{倍})}_{\text{財務レバレッジ}} \qquad (3.8) \\[2mm]
&= \underbrace{\frac{\text{当期純利益}}{\text{売上高}} \times 100\,(\%)}_{\text{売上高当期純利益率}} \times \underbrace{\frac{\text{売上高}}{\text{総資産}}\,(\text{回})}_{\text{総資産回転率}} \times \underbrace{\frac{\text{総資産}}{\text{純資産}}\,(\text{倍})}_{\text{財務レバレッジ}} \qquad (3.9)
\end{aligned}
$$

式（3.8）の第1項目を欧米ではROAといいます。今まで出てきたROAとの決定的な違いは，分子の利益が当期純利益であることです。それは，ROEを分解した構成要素だからです。

より重要なのはその意味です。当期純利益は特別項目もすべて含みますから，**当期純利益を用いるROAは「最終結論としてのROA」という意味**になります。

このROAにはもう1つ，他のROAと違うところがあります。それは分母が「総資産」になっているところです。他のROAはすべて「総資本」

でした。

　総資本とは貸借対照表の右側を指す言葉です。総資産とは「資産の総額」ということですから，貸借対照表の左側を指す言葉です（図表3-21）。数値的には同じですから計算上は何の影響もありませんが，捉え方が違います。

図表3-21　総資本と総資産

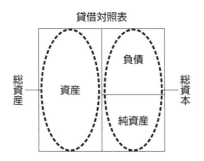

　日本バージョンは，「投下資本がどれだけ利益を生んでいるか」という捉え方をしているので，ROAの分母は総資本になります。それに対して，欧米の捉え方では資本を投下する主役は株主だけです。「それが総資産という仕組みになり，その仕組みがどれだけの利益を生み出しているか」という捉え方をしているのです。これぞまさしく「仕組みが利益を生み出す」という見方です。そして，だからこそROA = Return On Asset（Assetは「資産」）というのです。

　これで4つのROAが登場しました。整理すると図表3-22のようになります。

　売上高を用いてROAを分解すると，ROEはさらに式（3.9）のように分解できます。この式を後ろから読むと，「純資産が負債の助けを借りて総資産という仕組みになり，総資産という仕組みが売上高を生み出し，売上高から費用が引かれて当期純利益になる」と読むことができます（図表

3-23)。なお，分母が総資産になっていることに伴い，式（3.9）の第2項目の名称は「総資産回転率」になります。

図表3-22　4つのROA

定義式	意味
当期純利益 ÷ 総資産	ROEの構成要素としてのROA。「最終結果としてのROA」。国際的には最もスタンダードな定義式。
事業利益 ÷ 総資本	「資本構成によらない，純粋な事業からの平均的な儲ける力」。日本国内で通説となっている定義式。
経常利益 ÷ 総資本	事業利益バージョンの簡便版。書籍や実務上でも多く見受けられる。
営業利益 ÷ 総資本	事業利益バージョンの簡便版。もしくは「本業のROA」。ただし，分母も調整しなければ正確にはその意味にならない。書籍や実務上でも見受けられるが，少数派。

図表3-23　ROEの分解

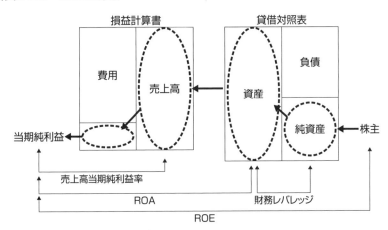

83

9 売上高当期純利益の分解

第3章6で説明したように，売上高当期純利益率も売上高と費用との兼ね合いで決まります。費用を細分化すれば，売上高当期純利益率は以下のようにさらに分解することができます。

売上高当期純利益率

$$= \frac{当期純利益}{売上高}$$

$$= \frac{売上高 - 売上原価 - 販管費 + 営業外収益 - 営業外費用 + 特別利益 - 特別損失 - 法人税等}{売上高}$$

$$= 1 - \underbrace{\frac{売上原価}{売上高} - \frac{販管費}{売上高}}_{本業} + \underbrace{\frac{営業外収益 - 営業外費用}{売上高}}_{財務活動} + \underbrace{\frac{特別利益 - 特別損失}{売上高}}_{一過性} - \underbrace{\frac{法人税等}{売上高}}_{税務}$$

(3.10)

式（3.10）は大きく4つに分けて見ることができます。

1つ目は売上高販管費率までの部分です。ここまでが営業利益ですから，この企業の本業に関する部分です。売上高当期純利益率に問題がある場合，最初に見るべきところです。

2つ目は売上高に対する営業外収益と営業外費用の比率です。ここは資金調達や株式投資などの財務活動に関する部分です。

3つ目は売上高に対する特別利益と特別損失の比率です。ここは一過性の要因によることが多く，それだけに管理不能であることも多いので，一般的にはあまり問題視してもしようがないことが多いでしょう。ただし，重大な問題が原因になっていることもあり得ますので，そのような場合はむしろ焦点を当てるべきです。

4つ目は売上高に対する法人税等の比率です。ここは適切な税務戦略と

節税対策が効いてくるところです。

　上記の4つの部分はさらに分解することも可能です。たとえば，1つ目の部分はさらに売上高売上原価率（いわゆる「原価率」）と売上高販管費率の2つに分けることができますし，少なくともそこまでは分解すべきでしょう。そのように分解することによって，組織とのマッピングが可能になります。**原価率が高い場合は，流通・小売業であれば購買部門，製造業であれば製造部門の費用に問題がある**ということになります。**売上高販管費率が高い場合は，営業部門や間接部門の費用に問題がある**ということになります。

　製造業であれば，売上原価（≒製造原価）はさらに材料費，労務費，経費と分解できます。販管費率もさらに人件費，広告宣伝費，賃借料などに分解することができます。このように分解した上で他社と比較すれば，自社のどこに多くの費用がかかっているかを分析することができます。

　ただし，製造原価や販管費の明細情報は有価証券報告書でも必ずしも十分に開示されているとは言えないですし，開示の程度も企業によってまちまちなので，他社の分析をするのは必ずしも容易ではありません。

10 レバレッジ効果

▎負債が大きいほどROEは大きくなる

　あらためて式（3.8）を見てみましょう。この式が意味することは，ROEは株主という特定のステークホルダーに対する収益性ではあるものの，まずは総合的な収益性であるROAを上げることが重要ということです。「誰にとっての収益性であっても，まずは企業全体の収益性が重要」ということです。

　ROAが同じ場合，第2項目が効いてきます。第2項目を**財務レバレッジ**と言います。

財務レバレッジは，貸借対照表に占める純資産の割合が小さいほど大きくなります。言葉を換えれば，負債の比率が大きいほど財務レバレッジが大きくなり，ROEも大きくなります。

負債を大きくするとROEが大きくなる効果をレバレッジ効果と言います。

　確かに，数式の上では負債を大きくするほどROEが大きくなりますが，ネガティブなイメージの強い負債を大きくした方がいいというのは，直感的にはピンと来ないかもしれません。これは一体どういうことでしょうか。

　レバレッジ効果を理解するための前提としてまず必要な理解は，「**株主がどのような資金の出し方をしようとも，会社が生み出した当期純利益はすべて株主のもの**」ということです（図表3-24）。

　そうであるならば，企業に必要な資金はなるべく債権者に出させ，株主が出す資金はなるべく少なくできた方が，株主にとってはオイシイに決まっています。これが，負債が大きいほど株主にとっての収益性であるROEが大きくなるということの定性的な説明です。

　レバレッジ（leverage）とは「てこの原理」のことです。レバー（lever）はこれと密接に関係のある言葉です。そもそも，レバーがてこの原理を用いています。

図表3-24　利益はすべて株主のもの

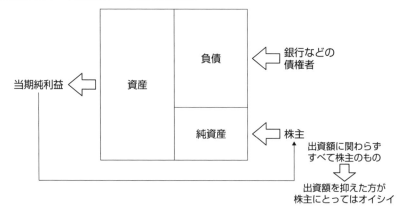

　レバレッジ効果とは，株主は手元ではそれほど力を出していないのに，債権者を踏み台にして，てこの原理でROEを大きくするということです（図表3-25）。

図表3-25　レバレッジ効果

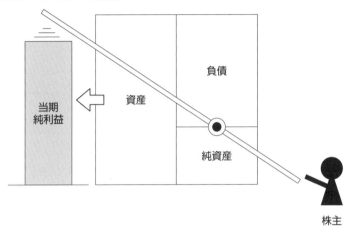

レバレッジ効果が成り立つ前提

　負債の比率を高めるとROEの分母は小さくなりますが，負債が増えれば支払利息が増えるので，分子の当期純利益が小さくなるはずです。それはROEを下げる方向に働きます。したがって，負債の比率を高めれば単純にROEが大きくなるということではなさそうです。この点について理論的に考察してみましょう。

　負債をD，借入利子率をiとすると，当期純利益はEBITを用いて

$$当期純利益 = \text{EBIT} - iD \tag{3.11}$$

と書けます。また，資産をAとすると純資産は$A - D$ですから，Tを税率とするとROEは以下のように変形できます。

$$\mathrm{ROE} = \frac{(1-T)(\mathrm{EBIT} - iD)}{A - D}$$

$$= (1-T)\left(\frac{\mathrm{EBIT} - iD}{A} \cdot \frac{A}{A - D}\right)$$

$$= (1-T)\left(\frac{\mathrm{EBIT}}{A} - i \cdot D/A\right) \cdot \frac{1}{1 - D/A}$$

$$= (1-T)\frac{\mathrm{ROA} - i \cdot D/A}{1 - D/A}$$

$$= (1-T)\left(-\frac{\mathrm{ROA} - i}{D/A - 1} + i\right) \tag{3.12}$$

$$\text{ただし，} \quad \mathrm{ROA} = \frac{\mathrm{EBIT}}{A} \tag{3.13}$$

式(3.13)は，欧米バージョンの事業利益を用いたROAです。

式(3.12)より，ROE/(1 − T)（税引前ROE）はD/A（総資産に対する負債の比率，$0 \leq D/A < 1$）に対して図表3-26のようになります。

図表3-26　負債の比率とROE

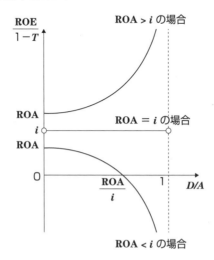

図表3-26から，負債の比率の増加に伴ってROEが上昇するのは，ROA>i，すなわちROAが借入利子率より大きい場合に限ります。

ROA<iの場合は，負債の比率が増加するほどROEは反対に悪化し，D/Aが

$$\frac{D}{A} > \frac{ROA}{i} \tag{3.14}$$
$$\therefore iD > ROA \cdot A = EBIT$$

となると，ROEはマイナスになります。これは支払利息がEBITを超過している状態ですので，当期純利益がマイナスになります。ROA<iの場合は，いわばマイナスのレバレッジが働くのです。

なお，ROA>iの場合は，

$$\frac{ROA}{i} > 1$$

なので，1未満の値しか取らないD/Aが式(3.14)を満たすことはあり得ません。したがって，どんなに負債を増やしても当期純利益がマイナスになることはなく，ROEはどこまでも増加していきます。

ROA＝iの場合は，D/Aに対してROEは一定となります。つまり，この場合はレバレッジ効果は全く働かず，ROEは資本構成に対して中立的になります。

以上から，**レバレッジ効果がプラスに働く条件は，ROAが借入利子率を超過していること**です。これは「自分の事業の収益率が借入利子率より大きい」ということですから，直感的にも納得できるでしょう。

ROEをROAと財務レバレッジに分ける意味

ROEをROAと財務レバレッジに分ける意味をあらためて考えてみましょう。

ROAは、総資産という仕組みがどれだけの利益を生み出しているかを見る指標です。これは貸借対照表の左側のパフォーマンスを見ています。

一方、財務レバレッジは、企業がどこから資金調達したかという資本構成に関わる指標です。したがって、これは貸借対照表の右側の状態を見ています。

貸借対照表の左側に関する活動は事業活動であり、右側に関する活動は財務活動です。**ROEをROAと財務レバレッジに分けるのは、ROEを事業活動の要因と財務活動の要因に分けている**といえます（図表3-27）。

ROEに何か問題があるとき、その要因を事業活動に求めるのか財務活動に求めるのかによって、話は大きく変わってきます。

事業活動に影響を与えるのは製造部門や営業部門などの現業部門です。したがって、ROEが低い要因を事業活動に求めた場合は、これらの現業部門を改善することになります。

図表3-27　事業活動と財務活動

90

　それに対して，財務活動に影響を与えるのは財務部門などの本社間接部門です。したがって，ROEが低い要因を財務活動に求めた場合は，財務部門が財務戦略を見直す必要などが出てきます。

　このように，ROEが低い要因を事業活動と財務活動のどちらに求めるかによって，やるべきこともやるべき組織も全く変わってきます。

ケーススタディ 5　三菱自動車工業のROE

ROEが低い原因はROA

　図表3-28を見ると，2017年3月期に三菱自動車工業（三菱自工）のROEが大幅に下がっていることが分かります。

図表3-28　三菱自工のROE

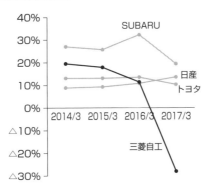

　その原因を分析するために，まずROEをROAと財務レバレッジに分解してみましょう。ここでのROAはROEを分解したものですので，分子は当期純利益です。図表3-29を見ると，ROEの大幅な減少はROAの大幅な減少が原因であることが分かります。

図表3-29　ROEの分解

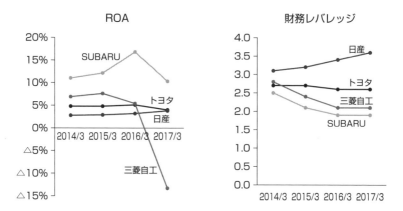

ROAを売上高当期純利益率と総資産回転率に分解

　そこで，ROAをさらに分解してみましょう。図表3-30はROAを売上高当期純利益率と総資産回転率に分解したものです。これを見ると，ROAの大幅な減少は売上高当期純利益率の大幅な減少が原因であることが分かります。

　2017年3月期を除くと，三菱自工のROAは比較的高いですが，図表3-30から，それは同社の総資産回転率が高いことが理由であることが分かります。売上高当期純利益率は2017年3月期以外も決して高くありません。

　したがって，三菱自工の収益性の問題のほとんどは，売上高当期純利益にあるとといえます。

　ちなみに，総資産回転率が高いことは三菱自工の強みかというと，それも微妙です。図表3-19で見たように，総資産回転率（図表3-19では総資本回転率）は企業規模に反比例するという傾向が一般的にあるからです。そのような観点からすると，三菱自工の総資産回転率が高いのは，同社の規模からすれば特に強みというほどでもないという見方もできます。

図表3-30　ROAの分解

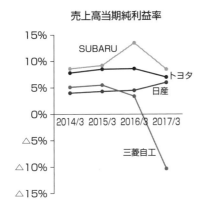

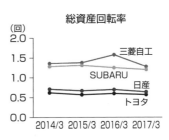

例外的に特別損失に注目

　話を売上高当期純利益率に戻しましょう。図表3-31は，2016年3月期から2017年3月期にかけて税引前当期純利益が減少した要因を分析したものです。三菱自工はこの1年間で税引前当期純利益を109十億円の黒字から159十億円の赤字に268十億円減少させています。その大きな要因は，売上高の減少に伴い売上総利益が145十億円減少したことと，特別損失が129十億円増加したことにあることが分かります。

　2017年3月期の特別損失の内訳を見てみると，燃費試験関連損失が165十億円計上されています。これは，同社がこの期に行った燃費試験に関するデータ改ざんに関するものです。売上高の減少も，不正に伴う顧客離れが原因とされています。

　一般的に，特別損失は一過性のものであり，管理不能であることも多いことから，ここを掘り下げてもあまり意味がないことが多いですが，このケースのような場合はむしろ焦点を当てた方がいいでしょう。品質に関わる不正は製造業としてはあってはならないことですし，それが原因で売上高の減少も起こっているからです。

　売上高が減少するというのは，顧客からの評価が下がっているということですから，最も重視しなければならない重大な問題です。

図表3-31　利益減少要因の分析

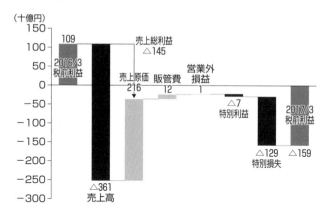

スケールメリットが小さい

　三菱自工の売上高当期純利益率が低い原因が他にないか分析してみましょう。図表3-32を見ると，同社の売上高営業利益率が慢性的に低いことが分かります。これが低いということは，本業において既に収益性が低いということです。これは一過性のものではなく体質的なものです。

　図表3-32の売上高原価率と売上高販管費率を見ると，いずれも高いことが分かります。これが意味することは，製造部門も非製造部門も，他社と比べて費用がかかり過ぎているということです。

　費用がかかり過ぎているというよりも，売上高が小さいことが根本的な問題かもしれません（図表3-33）。**売上高が小さいとスケールメリットが出ない**からです。

図表3-32　売上高営業利益率とその分解

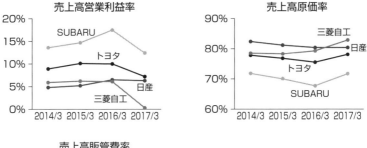

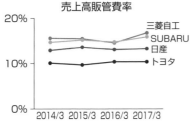

図表3-33　売上高

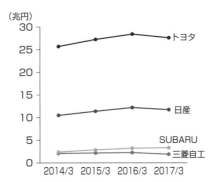

　スケールメリットは，会計的には，売上高が大きくなるにつれて固定費の比率が下がる効果と説明できます。売上高をx，売上高変動費率をv，固定費をfとすると，費用の総額yは以下のように表現できます。

$$y = vx + f \tag{3.15}$$

したがって，売上高費用率 y/x は以下のようになります。

$$\frac{y}{x} = v + \frac{f}{x} \tag{3.16}$$

これは図表3-34のように，直線 $y=v$ を漸近線とする双曲線になります。売上高が大きくなっても固定費は文字通り固定のままですから，売上高に対する固定費の比率はどんどん小さくなり，究極的には売上高変動費率だけになっていくということです。

売上高が小さいためにスケールメリットが働いていないという仮説は，SUBARUの売上高販管費率が高いことからも裏付けられそうです。販管費はほとんどが固定費と考えられますので，売上高が三菱自工と同程度のSUBARUもやはり売上高販管費率が高くなっていると考えられます。

原価率については，スケールメリットの効果はあまり期待できません。自動車メーカの場合，原価の8割程度は材料費という変動費だからです。SUBARUの原価率がトヨタよりも低く抑えられていることからも，三菱自工の原価率の高さはスケールメリットとは別の要因の方が大きいと考える方が妥当でしょう。

図表3-34 スケールメリット

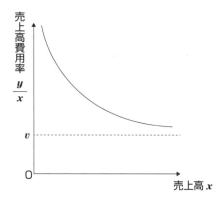

低い研究開発費

売上高販管費率をさらに分析する例として，売上高に対する研究開発費率を見てみましょう。

図表3-35を見ると，４社の中で三菱自工が恒常的に低いことが分かります。利益の面からいえばこれは低い方がいいということになりますが，製造業においては必ずしもそうとは言えません。研究開発費を必要以上に削ると，製品力が下がり，売上高の減少につながる可能性があるからです。つまり，研究開発費は善玉コストなのです。そうであるならば，研究開発費が小さいことは短期的な利益にとってはいいかもしれませんが，長期的な利益にとっては逆効果です。

研究開発費は，売上高が大きい方が絶対額を大きくしやすいですから，やはりスケールメリットが効きやすい費用です。したがって，売上高が小さい企業は比率の面でもどうしても低くなりがちです。しかし，売上高が小さい，すなわちシェアが小さい企業こそ差別化が重要です。三菱自工にとっては，研究開発費についてはむしろ増やすことが必要なことかもしれません。

図表3-35　売上高研究開発費率

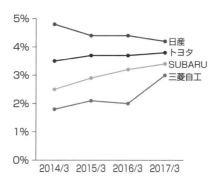

ケース スタディ 6 ROEと自社株買い

　自社株買い（正式には「自己株式取得」）をすると，ROEを向上させることができます。取得した自己株式は純資産から控除するので，純資産が減少し，ROEの分母が小さくなるからです。

　計算上ROEが向上しても，株主にとって何らかのプラスがなければ単なる数字の遊びになってしまいますが，実質的に考えても自社株買いは株主の価値を増加させます。

　まず，取得してもらった株主には直接的にキャピタル・ゲインがもたらされます。自社株買いの本質は株主から会社に対する株式の譲渡であり，譲渡価額が取得価額を上回っているのが普通だからです。

　また，残された株主の価値も上がります。市場で流通する株式数が減少することにより，相対的な持株比率が上昇するからです。持株比率が上昇すれば株主総会における議決権比率が上昇しますし，利益と企業価値が変わらないとすれば，理論的には配当と株価も上昇します。利益の分配が配当であり，1株当たり企業価値に基づいて理論株価は決まるからです。

　株価について言えば，自社株買いをする企業は株主に対する経済的還元が積極的な企業と映りますから，多くの人がその株式を欲しがる結果，株価が上がるという効果も考えられます。株価は，結局のところ，証券市場における需要と供給のバランスで決まるからです。

　図表3-36は富士フイルムホールディングスの株価の推移です。この時期，同社の子会社である製薬会社が元々インフルエンザの薬として製造・販売していたアビガンという薬が，アフリカを中心に多くの死者を出していたエボラ出血熱にも効くようだということが分かりました。実際，エボラ出血熱に感染したフランス人女性の命を救いました。それまで，エボラ出血熱に対してはこれといった治療薬はなく，感染したらほぼ死に至るという状態だったので，このニュースは世界を駆け巡りました。それから立て続けに，アビガンの増産や厚生

労働省からの認可のニュースが流れ，その度に富士フイルムホールディングスの株価は反応しました。

　しかし，それよりも株価が反応したのは，積極的な自社株買いを行うと発表したことに対してでした。

　自社株買いには負の側面もあることには気を付けなければいけません。

　本来，株主から調達した資本は，何かに使ってこそ新たな富を生みます。それを株主に還元するということは，「せっかく調達した資金ですが，いい使い道が見当たらないので株主にお返しします」と言っているようなものです。それは経営者自らが自身の無能さを喧伝しているともいえます。

　また，自社株買いをすればキャッシュが減少しますから，貸借対照表という仕組みは縮小していきます。富は仕組みが生み出すという観点からすると，これは将来における富を生み出す力を自ら削いでいるようなものです。そうなれば，株主にとっても十分な経済的還元ができなくなります。

　自社株買いは，短期的には確かに株主の価値を上昇させますが，本質的には身を削って還元しているわけですから，長期的には自らの体を弱体化させます。自社株買いについては，短期的なメリットと長期的なリスクを勘案することが重要です。

図表3-36　富士フイルムホールディングスの株価の推移（2014年）

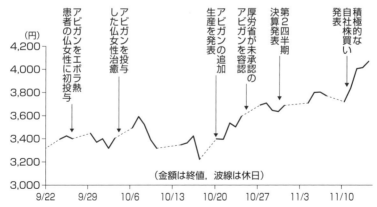

11 ROIC

ROICはReturn On Invested Capitalのことであり，定義式は以下の通りです。

$$ROIC = \frac{EBIT(1-税率)}{有利子負債+純資産}$$ (3.17)

EBIT: Earnings Before Interest and Tax

ROICは，債権者と株主という企業に対する資金提供者にとっての収益性を表します。そのため，分母には有利子負債と純資産という資金提供者の投下資本を用います。ここがInvested Capitalと言われる所以です。

分子は税引後EBITを意味しますから，ここから支払利息を控除すれば当期純利益になる利益です。支払利息は債権者に対する還元であり，当期純利益は株主に還元されるものですから，税引後EBITは債権者と株主への分配原資という意味になります。

債権者と株主という視点で，分母の投下資本に対して分子の還元原資が対応付けられているわけです。

ROICは支払利息控除前の利益を用いているので，資本構成の違いを排除した，純粋な事業からの利益率という性格も有しています。

たとえば，図表3-37の2社は，調達資本の総額が同じで，支払利息控除前の利益であるEBITも同じです。企業規模も事業に基づく利益も同じですから，事業からの利益率は同じであるはずです。ところが，最終利益を用いるROEとROAで見ると，両社は異なった値になってしまいます。これをROICで見れば，両者は同じになります。

なお，ROICの分子を厳密に「債権者と株主への分配原資」という意味にするためには，分子はEBITから実際の税額を控除すべきです。しかし，

その場合は税額が支払利息に依存するため，資本構成の違いを排除した利益になりません。図表3-37の例では，税引後EBITは以下のようになります。

$$A社：EBIT-法人税等 = 100-22 = 78$$
$$B社：EBIT-法人税等 = 100-40 = 60$$

　資本構成の違いを排除したい場合は式（3.16）のように計算します。どちらで計算すべきかは，ROICをどういう意味にしたいかによります。
　図表3-37においてROAが異なるのは，ROAが分子に当期純利益を使う欧米版だからです。事業利益を用いる日本版のROAならば，両社のROAは同じになります。
　ROICと日本版ROAは分母が異なるので同じ意味ではありませんが，資本構成の違いを排除するということに関しては日本版ROAも同じように機能します。

図表3-37　資本構成の影響を受けないROIC

（単位：百万円）

	A社	B社
有利子負債	900	0
資本	100	1,000
	1,000	1,000
EBIT	100	100
支払利息（-）	45	0
税引前当期純利益	55	100
法人税等（-）	22	40
当期純利益	33	60
ROA	3.3%	6.0%
ROE	33.0%	6.0%
ROIC	6.0%	6.0%

注：支払利息は有利子負債の5%
　　法人税等は税引前当期純利益の40%

日本ではROICはあまり普及していませんが，それは日本版ROAで事足りるからかもしれません。言い換えれば，欧米版ROAを使う欧米だからこそ，ROICに対するニーズが高いともいえます。

第4章

安全性分析⑴
～静態的分析～

1 静態的分析とは

静態的分析は貸借対照表だけを使う

　安全性とは，キャッシュの支払能力のことでした。その分析方法として，まずは貸借対照表だけを使う分析方法から説明します。

　貸借対照表は，ある一時点の静止画情報を表すものですから，**貸借対照表だけを使う安全性分析のことを静態的分析**といいます。

　静態的分析は貸借対照表だけを使いますので，比較的簡単に分析ができるという長所があります。その一方で，あくまでも静止画情報という，ある一時点の断片的な情報しか使いませんから，一定の傾向しか分かりません。そういう意味では，簡便的な分析方法といえます。

　最終的には，キャッシュの支払能力はキャッシュの動きそのものも見る必要があります。**キャッシュの動きを見る安全性分析は動態的分析**といいます。

静態的分析の基本的考え方

　貸借対照表の右側の負債は，企業が負っている支払義務です。それに対して，左側の資産は支払原資と見ることができます。

　静態的分析の基本的な考え方は，「支払原資の方が支払義務より大きければ安全」ということです（図表4-1）。

　やりたいことは支払原資と支払義務との大小比較ですが，大小比較をする代わりに，両者の比を計算します。たとえば，図表4-1のように支払原資を支払義務で割った比率を計算するならば，これが1より大きければ支払原資の方が大きいということになります。すなわち，安全ということです。

　そこに流動と固定のバリエーションが入ってきます。

図表4-1　支払原資と支払義務の大小比較

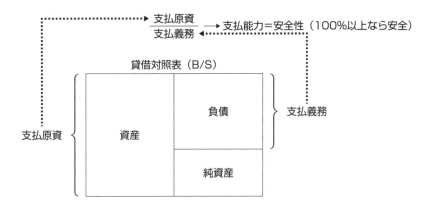

　資産も負債も流動と固定に分かれています。それを分ける基本はワン・イヤー・ルールでした。

　ということは，流動資産というかたまりは1年以内に換金予定の支払原資であり，流動負債というかたまりは1年以内の支払義務と見ることができます。

　一方，固定資産というかたまりは1年を超えないと換金されないものであり，固定負債というかたまりは1年超の支払義務と見ることができます。

　この見方を加味することによって，短期的な安全性と長期的な安全性を分析することができます。言うまでもなく，ここで言う「短期的」とは1年以内のことであり，「長期的」とは1年超のことです。

債務超過

　流動と固定に分ける前に，全体として見てみましょう。

　貸借対照表を全体で見て，**資産よりも負債の方が上回っている状態を債務超過**といいます。厳密に言えば，「債務」と「負債」は同じものではありませんが，「債務超過」という場合の「債務」は「負債」のことを指しています。

　資産を負債が上回りますので，純資産はマイナスになります。

そのような状態になる典型的な原因は赤字です。赤字を出すと，利益の代わりに損失が純資産に蓄積していきます。いわゆる**累積損失**です。それが繰り返されると，遂には純資産全体がマイナスになるのです。巨額の赤字を出した場合は，たった1年で純資産がマイナスになり，債務超過に陥ることもあります。

　債務超過の意味は，資産のすべてを換金できたしても，現在負っている支払義務のすべてを履行できない状態ということです。個人で言えば，持ち家の資産価値よりも住宅ローンの方が上回っているような状態です。

　すべての支払義務を履行できない状態ですから，債務超過は実質的な経営破綻状態とみなされます。

　ただし，**債務超過になったらからといって，そのこと自体で何かが起こるわけではありません。**通常業務は従来通り続けられます。個人の生活で考えてみても，持ち家の資産価値よりも住宅ローンの方が上回っていることはいくらでもあり得ますが，そのことをもって日々の生活にすぐに何らかの支障が出るわけではないのと同じです。

　では，債務超過になると具体的にどうなるのでしょうか。

　まず，**企業の信用ランクが落ちます。**信用ランクが落ちれば，銀行からの新規借入はまず不可能になります。それどころか，既存融資を引き上げられることも十分に考えられます。支払義務を履行できない状態に陥っているわけですから，企業にお金のあるうちに銀行が我先にと資金の返済を求めるのは当然です。

　さらに，上場企業の場合は，**1年以内に債務超過を解消できないと上場廃止**になります。上場廃止になれば，証券市場からの資金調達の道も絶たれます。

　ただでさえ業績が悪くて資金繰りが悪化しているところに，資金調達の道もすべてなくなるわけですから，これで本当に資金がショートして破綻する可能性が高まるわけです。

　これが債務超過の意味です。

日本における債務超過の２つの意味

　債務超過の本来の意味は，文字通り，負債が資産を超過して純資産がマイナスになることです。

　一方，前項で述べた「１以内に債務超過を解消できないと上場廃止」という場合の債務超過は少々意味が違います。これは日本固有の事情です。

　東京証券取引所が定める「有価証券上場規程」に，上場廃止基準の１つとして「上場会社がその事業年度の末日に債務超過の状態である場合において，１年以内に債務超過の状態でなくならなかったとき。」という基準が挙げられています（601条１項５号）。

　ここでいう「債務超過」の意味は「有価証券上場規程施行規則」（http://jpx-gr.info/rule/tosho_regu_201305070041001.html）に定義されています。それによれば，債務超過とは「連結財務諸表の純資産が負である場合」ですが，ここでの純資産の意味は「純資産の額から新株予約権及び非支配株主持分を控除した額」とされています（311条５項１号a）。

　これは，「親会社株主の持分のうち顕在化しているもの」ということです。それがマイナスになることを，上場廃止基準では「債務超過」と言っています。本来の意味での純資産がマイナスになることではありません。あくまでも，**親会社株主の持分だけを問題にしている**のです。これも，第２章７で述べた親会社説の表れでしょう。

　上場廃止基準は取引所のルールですから，取引所がどのような内容にするかは自由です。しかし，このルールには釈然としないものがあります。

　たとえば，図表4-2のような場合を考えてみましょう。ここでは話を簡単にするために，新株予約権はないものとします。

　同図(a)の場合は，株主資本はマイナスですが，純資産全体としてはプラスになっています。一般的な意味では債務超過ではありませんが，取引所の上場廃止基準には抵触することになります。このようなことは，親会社が単独で赤字続きのような場合に起こり得ます。

図表4-2　債務超過の２つの意味

(a) 一般的には債務超過でないが
　　上場廃止基準に抵触するケース

連結貸借対照表

資産　2,000	負債　1,800
	株主資本　　△50
	非支配持分　　250
	純資産　　　　200

(b) 一般的には債務超過だが
　　上場廃止基準には抵触しないケース

連結貸借対照表

資産　2,000	負債　2,100
	株主資本　　　　10
	非支配持分　△110
	純資産　　　△100

　一方，同図(b)の場合は，株主資本はプラスですが，純資産全体ではマイナスになっています。一般的な意味では債務超過ですが，取引所の上場廃止基準には抵触しません。このようなことは，赤字の子会社が数多くある場合などに起こり得ます。

　いずれのケースも，連結ベースで評価することが半ば常識となっている今日においては少々違和感があります。

ケーススタディ7　東芝の債務超過

　2016年12月，第３四半期において東芝は債務超過に陥りました。原因は，東芝の米原発子会社ウエスチングハウス（WH）が行った買収に伴い発生したのれんから，多額の減損損失が発生したことです。その額7,000億円超。この１件だけで東芝は債務超過になりました。

　このときと，その後の2017年３月期の純資産の様子が図表4-3です。減損損失が発覚した2016年12月時点では，株主資本はマイナスになっていますが，純資産はマイナスになっていません。このときの「債務超過」は，日本の上場廃止基準に基づく「債務超過」です。

　ただ，このときの報道は非常に混乱していました。多くのメディアが，東芝が債務超過になったと報道すると同時に，「債務超過とは負債が資産を上回った状態」と説明していたのです。これは，当時の東芝の状態を説明する報道としては不正確ですし，事実にも反します。

　メディアが混乱する根本的理由は，日本においては「債務超過」に2つの意味があることです。言葉を換えれば，「債務超過」に日本独自の意味が存在するからです。この辺の事情を，限られた紙面や時間で説明するのは難しいとは思いますが，メディアは可能な限り正確かつ分かりやすい説明をしてほしいと思います。

　そのためには，報道するキャスターや記者自身が正確に理解していることが必要です。

　図表4-3を見ると，2017年3月期には株主資本も純資産もマイナスになっていますから，最終的にはいずれの意味においても東芝は債務超過になりました。

　東芝は1年以内に債務超過を解消しなければ上場廃止になるところでしたが，半導体メモリ事業を売却（現・キオクシア株式会社）するなどさまざまな手を尽くして，上場廃止は回避することができました。

図表4-3　東芝の純資産（連結）

（単位：百万円）

	2016/12/31 （発覚時）	2017/03/31
Ⅰ　株主資本		
1．資本金	200,000	200,000
2．資本剰余金	175,204	140,144
3．利益剰余金	△147,245	△580,396
4．その他の包括損失累計額	△451,725	△310,750
5．自己株式	△1,921	△1,945
株主資本合計	△225,687	△552,947
Ⅱ　非支配持分	255,611	277,243
純資産合計	29,924	△275,704

2　短期的安全性

流動比率

　ここからは，静態的分析の基本的考え方に，短期と長期という切り口を加えていきましょう。

　まずは短期的安全性からです。

　短期的安全性を見るための指標は**流動比率**です。定義式は以下のようになります。

$$流動比率 \ = \ \frac{流動資産}{流動負債} \times 100 \, (\%) \tag{4.1}$$

　これは，図表4-1の考え方に従い，流動項目だけで計算した式になっています（図表4-4）。

　あらためて式の意味を考えてみましょう。

　分母の流動負債は1年以内にキャッシュ・アウトする見込額です。1年以内にこれだけのキャッシュの流出が見込まれているならば，同じ1年間という期間において，それを上回る入金見込みがなければ，キャッシュの支払能力としては不安です。式（4.1）は，**今後1年以内に，キャッシュの流出額を上回る流入があるかどうか**を見ているのです。

　分母の流動負債よりも分子の流動資産の方が大きければ，1年以内の支払能力としては安全ということになります。したがって，**流動比率が100％を上回っていれば，短期的な支払能力は安全**ということになります。

110

図表4-4　流動比率

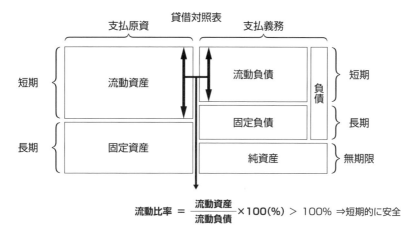

$$流動比率 = \frac{流動資産}{流動負債} \times 100(\%) > 100\% \Rightarrow 短期的に安全$$

流動比率は200%以上が望ましい？

　流動比率は，理論的には100%を上回っていれば安全という意味になりますが，「200%以上が望ましい」と言われることがあります。

　しかし，200%以上になるのは稀です。図表4-5を見てください。これは日本企業の流動比率です。全産業で見ると140%台がいいところです。業種別で見ても200%を超えている業種はありません。したがって，「200%以上が望ましい」というのは鵜呑みにしない方がいいでしょう。

　では，なぜ「200%以上が望ましい」というようなことが言われるので

図表4-5　日本における主要業種の流動比率

		全産業	製造	建設	情報通信	運輸	卸·小売	不動産	サービス
流動比率(%)	2014	136.7	146.7	150.3	167.5	114.3	134.2	113.6	128.4
	2015	140.3	149.5	152.8	174.7	123.7	140.3	117.9	126.9
	2016	143.2	148.6	160.1	167.4	138.0	140.5	156.4	129.1
	2017	142.3	149.8	156.8	160.1	132.4	137.7	119.0	143.8
	2018	144.5	148.0	166.1	172.0	132.2	131.8	153.2	152.5

出所：財務省・財務総合政策研究所「法人企業統計調査」より作成

しょうか。重要なのはその理由です。

　静態的分析はある一時点の静止画情報だけを使った分析ですから，これだけでは分からないことがいろいろとあるのです。そのため，余裕を見た方がいいということなのです。

　では，いろいろ分からないこととは何でしょうか。流動比率に関して言えば，次の2点が重要です。

　①　流動資産にキャッシュの回収可能性があるとは限らない

　　　たとえば，顧客の支払いが遅れて滞留している売掛金や，売れ残ってしまった商品などは，十分なキャッシュの回収可能性があるとは言えません。

　②　支払いと回収のタイミングが分からない

　　　たとえば，流動資産が1,500万円，流動負債が1,000万円ならば流動比率は150％ですが，流動負債の支払日よりも流動資産がキャッシュとして回収される日が後だったら何にもなりません。

当座比率，現金比率

　流動比率の限界を補うための補助費率として，以下の**当座比率**と**現金比率**があります。これらは，より換金性の高い資産で流動負債をどれだけカバーしているかを見ています（図表4-6）。

$$当座比率 \ = \ \frac{当座資産}{流動負債} \times 100 \ = \ \frac{現金及び預金＋売上債権＋有価証券}{流動負債} \times 100 \, (\%)$$

$$(4.2)$$

$$現金比率 \ = \ \frac{現金及び預金}{流動負債} \times 100 \, (\%) \qquad\qquad (4.3)$$

　当座資産とは，流動資産の中でもかなり短期に現金化が可能な資産をいいます。具体的には，現金及び預金に売上債権と有価証券（売買目的有価証券）を加えたものです。

図表4-6　当座比率と現金比率

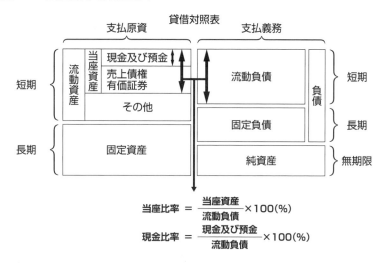

$$当座比率 = \frac{当座資産}{流動負債} \times 100(\%)$$

$$現金比率 = \frac{現金及び預金}{流動負債} \times 100(\%)$$

　現金比率は，現金及び預金で流動負債をどの程度カバーできているかを見る指標です。

　これらが高ければ確かに支払能力としては安全でしょう。しかし，これらがあまりにも高いと逆に問題です。

　そもそも流動比率は高ければいいというものでもありません。特に，現金及び預金が必要以上に多いことはあまり望ましくありません。

　なぜならば，資産の中でも，**現金は新たな富を生まない典型的な資産**だからです。新たな富を生むためには，現金を設備等の他の資産に変える必要があるのです。すなわち投資です。

　そのお金の使い方を考えることこそが経営です。何かと「コスト削減」と言いますが，お金の節約を考えることが経営ではありません。現金を現金のまま持っている経営者は，「お金の使い道が分からない無能な経営者」と見られかねません。

　現金を現金のまま持っている企業は買収の標的にもなります。経営権を握り，お金の使い方を知っている有能な経営者に交代させれば，企業価値

が上がり，高い価格で売り抜けるという算段が成り立つからです。

　個人の感覚としては，「お金はたくさんあった方がいい」と思うかもしれませんが，企業経営においてはその感覚は必ずしも正しくないのです。

3 長期的安全性

固定比率

　固定比率は，長期的な安全性を見る指標です。長期的な安全性とは，1年超の支払能力のことです。

　定義式は以下の通りです（図表4-7）。

$$固定比率 \ = \ \frac{固定資産}{純資産} \times 100\,(\%) \tag{4.4}$$

　固定資産は，土地，建物，設備など，保有して使用することを目的としている資産ですので，当面の間は換金されません。また，一般的に高額で

図表4-7　固定比率

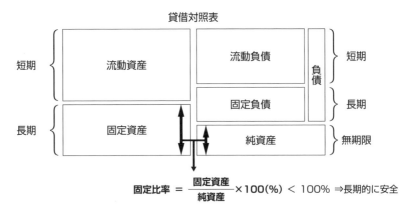

す。そのようなものを買う場合，どのような買い方が支払いの観点から安心できるでしょうか。

　日常生活に置き換えてみれば，それはたとえばクルマを買うような話です。クルマを買った後，支払いのことを気にせずにクルマを乗り回すことができるのは，どういう買い方をしたときかというと，それは，ローンを組まずにすべて自己資金で買う場合です。

　企業においても同じです。固定資産を買う場合，返済不要の資金源である純資産の範囲内で買えていれば，自己資金だけでクルマを購入したのと同じ状態といえます。

　固定比率はその程度を見ているのです。すなわち，**分子の固定資産よりも分母の純資産の方が大きければ，固定資産のすべてを返済不要の自己資本の範囲内で買えている**ことになります。比率で言えば，**固定比率が100％未満であれば安全**というわけです。

長期固定適合率

　理論的には，固定比率が100％未満であれば長期的な支払能力は安全ということになりますが，現実的にはなかなかそうはいきません。それは，クルマを買うときに，全額自己資金だけで購入する人があまりいないのと同じです。

　ではどうするかというと，ローンを使って買うわけです。それは3年ローンや5年ローンという長期のローンです。

　これは家を買う場合も同じです。家を買う場合は，自己資金だけで買うというのはそれこそ非現実的です。家を買う場合は，30年ローンなどの長期のローンを組み合わせて購入するのが普通です。

　購入する資産の使用期間に相当する程度の長期間のローンであれば，毎月の返済負担は少なく抑えられます。そうすれば，日常生活に大きな支障が出ることなく，クルマや家などの大きな買い物ができます。

　企業においても同様で，すべての固定資産が純資産の範囲内に収まって

いるということはそうそうありません。したがって，**固定比率が100％未満になることはほとんどありません**。となると，固定比率が100％未満になるかどうかをもって長期的な安全性を判断することはできないことになります。

　では，どうであれば実質的に安全かというと，自己資金に長期のローンを組み合わせた範囲に固定資産が収まっていれば，実質的に安全といえます。

　それを見るのが，以下の**長期固定適合率**です（図表4-8）。これは**固定長期適合率**ともいいます。

$$\text{長期固定適合率} \ = \ \frac{\text{固定資産}}{\text{純資産＋固定負債}} \times 100\,(\%) \qquad (4.5)$$

　分母の純資産は自己資金，固定負債は長期ローンに相当します。分子の固定資産が分母の範囲内に収まっていればいいわけですから，固定比率同様，**長期固定適合率も100％未満であれば安全**となります。

　長期固定適合率は固定比率の補助比率という位置付けですが，**長期的な**

図表4-8　長期固定適合率

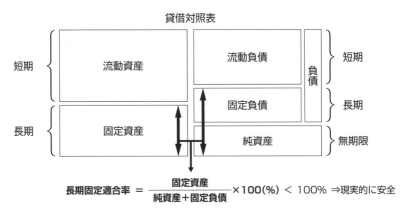

安全性については補助比率である長期固定適合率の方が重要と言えます。

　図表4-9は日本企業の固定比率と長期固定適合率です。固定比率が100％未満になることはまずありませんが，長期固定適合率は図ったように100％未満になっていることが分かります。

図表4-9　日本における主要業種の固定比率と長期固定適合率

		全産業	製造	建設	情報通信	運輸	卸・小売	不動産	サービス
固定比率(%)	2014	141.9	112.1	97.8	104.0	220.2	120.0	210.8	148.2
	2015	137.7	108.5	91.6	96.7	207.3	111.8	221.5	151.1
	2016	137.2	107.2	86.9	97.7	217.8	115.5	196.0	158.8
	2017	134.1	105.8	85.1	100.3	217.7	114.3	204.2	144.4
	2018	134.7	105.6	77.6	98.8	203.0	119.9	222.0	144.4
長期固定適合率(%)	2014	82.1	76.4	60.3	77.0	95.9	71.6	96.1	90.3
	2015	80.9	75.3	59.3	74.2	92.8	69.8	94.7	91.1
	2016	80.6	76.1	57.0	75.8	90.0	71.1	88.6	90.4
	2017	81.0	76.0	57.2	77.2	90.7	71.4	94.9	87.9
	2018	80.8	77.4	54.4	74.7	90.9	73.6	89.1	87.2

出所：財務省・財務総合政策研究所「法人企業統計調査」より作成

　もし長期固定適合率が100％を上回る場合は，安全性に少々問題が出てきます。長期固定適合率が100％を上回るということは，図表4-10のようになっているということです。この場合は，固定資産の資金源に流動負債の一部が充てられていることになります。

　流動負債は，ワン・イヤー・ルールに照らして言えば１年以内の支払義務ですが，その実態は仕入債務などですから，現実的には日常的な支払義務です。それを固定資産の購入に充てるということは，**生活費に手を付けてクルマを買うようなもの**です。それではさすがに日常生活に影響が出ます。

　長期固定適合率が100％を少々上回るくらいならいいですが，大きく上回る場合は要注意です。

図表4-10　長期固定適合率が100%を上回る場合

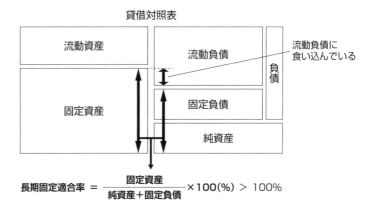

$$長期固定適合率 = \frac{固定資産}{純資産+固定負債} \times 100(\%) > 100\%$$

ケース
スタディ **8** キリンビールとアサヒビールの
長期的安全性

　図表4-11はキリンビール（キリン）とアサヒビール（アサヒ）の固定比率と
長期固定適合率を連結ベースで比較したものです。

　固定比率も長期固定適合率も，キリンよりもアサヒの方が高くなっています。
長期固定適合率に関しては，キリンが安定して100%を下回っているのに対して，
アサヒのそれは恒常的に，100%を上回っています。長期的安全性という観点
からすれば，キリンの方が高く，アサヒの方が低いということになるでしょう。

　しかし，固定比率や長期固定適合率が高いということを違う角度から見れば，
「投資に対して積極的」という見方もできます。逆に，固定比率や長期固定適合
率が低いというのは，「投資に対して保守的」という見方もできます。そういう
見方をすれば，「攻めのアサヒ，守りのキリン」と言えそうです。

　それを裏付けるような出来事が，2001年にアサヒが国内シェア１位になった
ことです。これは，長年業界のリーダーとして君臨していたキリンをアサヒが
抜いた歴史的出来事でした。その原動力となったのは，言うまでもなく1987年
に発売を開始したスーパードライです。

図表4-11　キリンとアサヒの長期的安全性

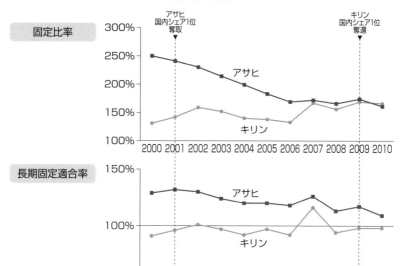

業界の2番手企業は，1番手企業と同じことをやっていても1番手企業を追い抜くことは絶対にできません。少々の無理をしないと抜けないのです。

逆に，1番手企業はどうしても守りに入ります。したがって，カルチャーも財務体質も保守的になりがちです。

それが，「攻めのアサヒ，守りのキリン」という形で明確に表れていると言えます。

ただ，その後，アサヒではスーパードライに次ぐヒットがなかなか出てきませんでした。これもまた，大きな成功体験をした企業にありがちなことです。アサヒは，固定比率も長期固定適合率もどんどん低下していますが，それは良くも悪くも「普通の会社」になっていっているようにも見えます。

一方，1位の座から陥落したキリンは，ラガー，一番搾り，そして発泡酒などで積極的な展開を仕掛け，2009年に国内シェア1位を奪還しています。業界ナンバーワンの座を奪われて，眠れる獅子が目を覚ましたのかもしれません。

それと歩調を合わせるかのように，固定比率と長期固定適合率はじわじわと上がっています。

その結果，2010年時点では両者の差はほとんどなくなっています。もはや「攻めのアサヒ，守りのキリン」という言い方は当てはまらず，両者がデッドヒートを繰り返す状態となっています。

このケースから分かることは，**多面的に分析することの重要性**です。安全性という観点だけから見ると，「キリンの方がよく，アサヒは悪い」という評価になってしまいますが，それでは実際に起こっていることを説明できません。投資に対する積極性という別の観点でも見ることによって，初めて実態が見えてくるわけです。

4 資本構成

自己資本比率，負債比率

支払能力を問題にする安全性の観点からすれば，そもそも支払義務である負債が少ない方がいいことになります。それを見るのが，次の**自己資本比率**と**負債比率**です（図表4-12）。

$$自己資本比率 = \frac{純資産}{総資本} \times 100(\%) \tag{4.6}$$

$$負債比率 = \frac{負債}{純資産} \times 100(\%) \tag{4.7}$$

負債が少ない方が安全ということになりますから，自己資本比率は高い方がよく，負債比率は低い方がよいということになります。

自己資本比率と負債比率は表裏一体の関係にありますが，両者は単純な逆数の関係になっているわけではないので注意してください。**自己資本比**

図表4-12　自己資本比率と負債比率

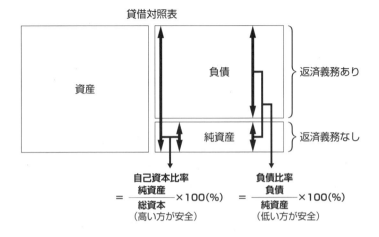

率は「総資本に占める純資産の割合」であるのに対し，**負債比率は「負債
が純資産の何倍か」**という指標になっています。

　負債比率は，**デット・エクイティ・レシオやD/Eレシオ**とも言われます。
デット（debt）は負債，エクイティ（equity）は純資産のことですから，
こちらの言い方の方が定義式に忠実な言い方です。

▍負債比率の二面性

　安全性の観点からすれば負債比率は低い方がいいですが，実は別のとこ
ろでは「負債比率は高い方がいい」と述べました。それはROEのところ
です。**ROEの観点からすれば負債比率は高い方がいい**のです。なぜならば，
負債比率が高い方がレバレッジ効果が効くからです。

　ここに資本構成の難しさがあります。負債比率は単に低ければいいとい
うものではなければ，高ければいいというものでもないのです。ROEの
ためには負債比率は高い方がいいですが，高過ぎると借入金の元本返済や
利息の支払負担が増えますから，安全性は確実に損なわれます。

　負債比率をどうするかは安全性とROEのどちらを優先するかによります。

かつては，「借金はない方がいい」という単純な感覚から，とにかく負債は少ないに限ると考える企業が多かったようですが，最近はROEの観点からあえて負債比率を高めるケースも見られます。

自己資本比率と内部留保

図表4-13は日本企業の自己資本比率です。全産業平均では約40％となっています。しかも，徐々に上昇しています。これは，利益の内部留保が進んでいることが大きな原因の１つと考えられます。

日本企業は内部留保が多過ぎるという批判がよくあります。「そんなに多くの内部留保があるんだから賃上げに回せ」という声もしばしば聞かれます。過剰な内部留保をさせないために，内部留保に課税すべきだという意見もよく聞かれます。

これらの意見は正しいとは言えません。

根本的な間違いは，「内部留保＝お金のため込み」という誤解です。確かに，利益が内部留保されたその瞬間は，それに相当するキャッシュが社内に留保されているでしょう。しかし，そのキャッシュはその後何かに使われていきます。したがって，**内部留保の額に相当するキャッシュが社内にため込まれているわけではありません。**

問題なのは，そのキャッシュを何にも使わずにキャッシュのまま置いておくことです。なぜそれが問題かというと，キャッシュ自体は新たな富を生まないからです。

図表4-13　日本における主要業種の自己資本比率

		全産業	製造	建設	情報通信	運輸	卸・小売	不動産	サービス
自己資本比率 (%)	2014	38.9	45.3	34.5	38.4	33.1	32.7	35.7	45.7
	2015	39.9	46.4	36.6	41.6	33.9	35.8	33.1	45.4
	2016	40.6	47.6	38.2	52.6	32.5	36.0	37.6	43.1
	2017	41.7	48.6	38.4	55.3	32.2	35.6	36.8	47.8
	2018	42.0	49.9	41.6	57.1	34.7	33.8	33.4	48.7

出所：財務省・財務総合政策研究所「法人企業統計調査」より作成

ですから，問題にするならば貸借対照表の左側です。右側ではないのです。**留保したキャッシュを有意義なものに使っているか否かが問題**なのです。

なお，**内部留保が多いことをもって，「賃上げをしろ」とか「課税すべきだ」ということは理論的に間違い**です。

まず，賃上げに関してですが，人件費は利益を源泉として支払われるものではありません。人件費を差し引いた後が利益ですので，話の順序が全く逆になっています。事後的に人件費を増やしたところで，今ある内部留保を減らすことはできません。

ただし，人件費を増やせば利益が減少しますから，将来に向かって内部留保の増加を抑制する効果はあります。しかし，そうだとしても，利益がプラスであり，かつ，当期純利益の全額を配当に回さない限り，内部留保は確実に増加します。

次に，「内部留保に課税すべき」という意見は，理論的に許容されません。なぜならば，内部留保に課税すると二重課税になるからです。

内部留保は，法人税等が課された後の税引後利益が留保されたものです。これに課税すると，既に課税されたものにさらに課税することになります。これが二重課税です。

二重課税を認めると，同一の課税対象に対して際限なく課税することが可能になってしまいます。それでは担税者の利益が著しく害されるので，二重課税は租税理論的にご法度なのです。

現実的には，一定の同族企業に対しては内部留保に課税するという制度が以前からあります。これは，極めて政策的な理由によるものです。租税理論の立場からすれば，本来は禁じ手です。

実質的に考えても，内部留保に課税したら，企業には「課税されるくらいなら使ってしまえ」というインセンティブが働くでしょうから，社内に資金が留保されなくなります。そうなると，企業は長期的な事業資金を持てなくなるので，近視眼的な経営しかできなくなります。結果的に，経済全体にとっても決していいことにはならないと思います。

第5章

安全性分析⑵
～キャッシュ・フロー分析（動態的分析）～

1 キャッシュ・フロー情報はなぜ必要か

　ときどき，「キャッシュ・フロー計算書を見たら何が分かるんですか？」という質問を受けます。それに対しては，「キャッシュ・フローの情報です」と答えます。

　そうすると，不満げな顔をされることがよくあります。その表情は，大体が「え，それだけですか⁉」「そんなの当たり前じゃないですか」と言わんばかりです。

　巷では何かとキャッシュ・フローと言われているので，キャッシュ・フロー計算書を見たら，さぞかしありがたいことが分かると思っていたのかもしれません。そうだとしたら，「キャッシュ・フロー計算書から分かるのはキャッシュ・フロー情報」というのは確かにあまりにも拍子抜けした答えでしょう。

　おそらく，そういう人は，「そんなことは利益を見れば大体分かるじゃないか」と暗に思っているのではないかと思います。その根底にあるのは，「利益が出ている会社にはお金がある」という感覚です。

　そこが間違っています。キャッシュ・フロー計算書の必要性を考える上で重要なことは，「キャッシュ・フロー計算書から何が分かるか？」ではありません。**本当に重要なことは，「利益を見てもキャッシュ・フローのことは何も分からない」ということなのです。**「キャッシュ・フロー計算書を見たら何が分かるのか」という質問をする人は，おそらくこの大前提にズレがあるのではないかと思います。

　利益の元となる損益計算書の収益・費用は，キャッシュの動きとは異なります。その主な理由は以下の通りです。

① 収益・費用とキャッシュの収入・支出ではなく，経済的事実に基づいて計上される（**発生主義**）

　　　これは，損益計算書に関する最も基本的な原理原則です。具体的に

は，売上高は商品の引き渡し時点で計上されますが，代金の入金は翌
月以降というのが普通です。このような場合は，収益・費用とキャッ
シュの動きにタイムラグが生じます。

②　費用計上時にキャッシュ・アウトが生じないものがある

　　これは具体的には減価償却費や引当金の繰入額です。減価償却費の
場合は既にキャッシュ・アウトは済んでおり，引当金の場合はキャッ
シュ・アウトが起こるのは将来であり，実際にはキャッシュ・アウト
は起こらないかもしれません。いずれにしても，費用計上時にはキャ
ッシュの動きはありません。

③　キャッシュの動きがあるのに，収益や費用に計上されないものがある

　　これは投資や借入金，増資などです。これらは一般的に多額になる
ことが多いですが，そのようなキャッシュの動きがダイレクトに損益
計算書に計上されることはありません。

　図表5-1は利益とキャッシュ・フローの動きを見たものです。図中のフリー・
キャッシュ・フローが何かということはちょっと置いておいて，とりあえ
ず利益とキャッシュ・フローがいかに違うかということは分かるでしょう。

図表5-1　大手電機メーカの利益とキャッシュ・フロー

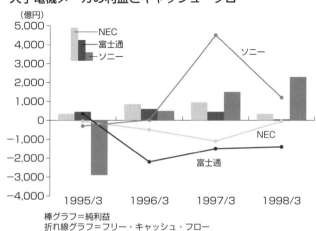

棒グラフ＝純利益
折れ線グラフ＝フリー・キャッシュ・フロー

2 キャッシュ・フロー計算書

キャッシュ・フロー計算書の構造

　それでは，実際のキャッシュ・フロー計算書を見てみましょう。キャッシュ・フロー計算書のひな形は図表5-2のようになっています。

図表5-2　キャッシュ・フロー計算書のひな形

I	営業活動によるキャッシュ・フロー	
	税金等調整前当期純利益	XXX
	減価償却費	XXX
	貸倒引当金の増加額	XXX
	受取利息及び受取配当金	－XXX
	支払利息	XXX
	為替差損	XXX
	有形固定資産売却益	－XXX
	売上債権の増加額	－XXX
	棚卸資産の増加額	－XXX
	仕入債務の増加額	XXX
	小計	XXX
	利息及び配当金の受領額	XXX
	利息の支払額	－XXX
	法人税額の支払額	－XXX
	営業活動によるキャッシュ・フロー	XXX
II	投資活動によるキャッシュ・フロー	
	有価証券の取得による支出	－XXX
	有価証券の売却による収入	XXX
	有形固定資産の取得による支出	－XXX
	有形固定資産の売却による収入	XXX
	投資有価証券の取得による支出	－XXX
	投資有価証券の売却による収入	XXX
	貸付による支出	－XXX
	貸付金の回収による収入	XXX
	投資活動によるキャッシュ・フロー	XXX
III	財務活動によるキャッシュ・フロー	
	短期借入による収入	XXX
	短期借入金の返済による支出	－XXX
	長期借入による収入	XXX
	長期借入金の返済による支出	－XXX
	社債の発行による収入	XXX
	社債の償還による支出	－XXX
	株式の発行による収入	XXX
	自己株式の取得による支出	－XXX
	配当金の支払額	－XXX
	財務活動によるキャッシュ・フロー	XXX
IV	現金及び現金同等物に係る換算差額	XXX
V	現金及び現金同等物の増加額	XXX
VI	現金及び現金同等物期首残高	XXX
VII	現金及び現金同等物期末残高	XXX

　キャッシュ・フロー計算書の構造上の特徴は，図表5-3のように３つの
パートに分かれていることです。３つのパートとは，**営業活動によるキャ
ッシュ・フロー，投資活動によるキャッシュ・フロー，財務活動によるキ
ャッシュ・フロー**の３つです。それぞれ，略して営業キャッシュ・フロー，
投資キャッシュ・フロー，財務キャッシュ・フローともいいます。
　なお，図表5-3の下から３行目にある「現金及び現金同等物の増減額」
が「キャッシュ・フロー」です。これを計算するのがキャッシュ・フロー
計算書の役割です。最後の２行では，それに基づき期末の残高情報にして
います。「キャッシュ・フロー」の本来の意味からすると，最後の２行は
付加的情報です。

図表5-3　キャッシュ・フローー計算書の構造

営業活動によるキャッシュ・フロー **（営業キャッシュ・フロー）** 　日々の本業から発生する 　キャッシュ・フロー
投資活動によるキャッシュ・フロー **（投資キャッシュ・フロー）** 　明日のために資金を投じる 　キャッシュ・フロー
財務活動によるキャッシュ・フロー **（財務キャッシュ・フロー）** 　資金提供者からの調達・還元に伴う 　キャッシュ・フロー

}キャッシュ・フロー
の計算

現金及び現金同等物の増減額
現金及び現金同等物の期首残高
現金及び現金同等物の期末残高

}期末キャッシュ
の計算

キャッシュ・フローの立体的理解

　３つのキャッシュ・フローを図表5-4のように立体的に見てみましょう。このように捉えると，それぞれのキャッシュ・フローの意味があらためてよく理解できると思います。

　図表5-4は，中心に企業があって，右側に株主と債権者という資金提供者，左側に資産があります。これは，貸借対照表のイメージそのものでもあります。

　キャッシュはまず右側の資金提供者から入ってきます。

　その資金を元に企業は投資をし，資産という仕組みを作ります。これが投資活動によるキャッシュ・フローです。

　企業は仕組みを使うことによって，日々のリターンを獲得します。これが営業活動によるキャッシュ・フローです。

　営業活動で獲得したキャッシュは，最終的には右側の資金提供者に還元されます。資金調達とリターンを合わせものが財務活動によるキャッシュ・フローです。「財務活動」とは，資金提供者とのやりとりということです。

図表5-4　３つのキャッシュ・フローの立体的理解

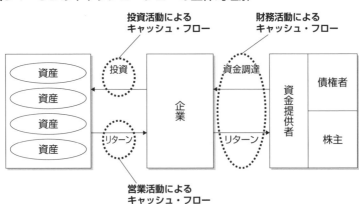

❚ 3つのキャッシュ・フローの符号

　キャッシュ・フロー計算書を見る上で重要なのが，3つのキャッシュ・フローの符号（プラスかマイナスか）です。キャッシュ・フローがプラスとは，企業に対してキャッシュが流入してくるということです。マイナスとは流出していくということです。

　3つのキャッシュ・フローには，それぞれに基本となる符号があります。

　営業活動によるキャッシュ・フローは，日々の本業によるキャッシュ・フローです。ですから，**営業活動によるキャッシュ・フローはプラスが基本**です。図表5-4では，企業に入ってくる向きの矢印がプラスを意味しています。

　投資活動によるキャッシュ・フローは，文字通り資金を投じる活動に伴うキャッシュ・フローです。投資とは，明日の仕組み作りのためにあえてキャッシュを使うことです。したがって，**投資活動によるキャッシュ・フローはマイナスが普通**です。図表5-4では，企業から出ていく向きの矢印がマイナスを意味しています。

　最後の財務活動によるキャッシュ・フローの符号は，営業活動によるキャッシュ・フローと投資活動によるキャッシュ・フローによります。

　投資活動によるキャッシュ・フローが営業活動によるキャッシュ・フローを上回る場合は，左側の事業活動で資金が不足する可能性があります。その場合は新たな資金調達が必要になります。そうなると，資金提供者に対するリターンよりも資金調達の方が絶対額として上回りますから，財務活動によるキャッシュ・フロー全体としてはプラスになります。

　一方，営業活動によるキャッシュ・フローの方が投資活動によるキャッシュ・フローを上回っている場合は，左側の事業活動で資金が足りていますから，追加の資金調達は必要ありません。この場合は，資金提供者に対してどんどん還元できる状態です。還元とは，株主に対しては配当や自己株式取得であり，債権者に対しては社債の償還や借入金の返済です。

そうなると，資金提供者に対するリターンの方が資金調達よりも絶対額として上回りますから，財務活動によるキャッシュ・フロー全体としてはマイナスになります。

▌フリー・キャッシュ・フロー

ここでもう１つのキャッシュ・フローを紹介しましょう。それはフリー・キャッシュ・フローです。フリー・キャッシュ・フローという名称は制度的なキャッシュ・フロー計算書には出てきませんが，分析上は重要なキャッシュ・フローです。

フリー・キャッシュ・フローの定義式にもいくつかありますが，キャッシュ・フロー計算書を前提にすれば，以下の定義式が分かりやすいでしょう。

フリー・キャッシュ・フロー
＝ 営業キャッシュ・フロー ＋ 投資キャッシュ・フロー　　　　　(5.1)

この式を言葉で言えば，「フリー・キャッシュ・フローは，営業キャッシュ・フローと投資キャッシュ・フローの合計」ということになります。実際，そのように言われるのが普通です。

しかし，「合計」と言われるから，フリー・キャッシュ・フローの意味がピンと来ないのではないかと思うのです。

確かに，営業キャッシュ・フローも投資キャッシュ・フローもプラスにもマイナスにもなり得ますから，一般的には式 (5.1) のように表現せざるを得ません。

しかし，フリー・キャッシュ・フローを直感的に理解するためには，それぞれのキャッシュ・フローの基本的な符号を前提にした方が分かりやすいと思います。

基本の符号は，営業キャッシュ・フローはプラス，投資キャッシュ・フローはマイナスでした。それを前提に，あえて正確性を犠牲にして直感的

な言い方をすれば，フリー・キャッシュ・フローは次のようになります。

フリー・キャッシュ・フロー
　＝ 営業キャッシュ・フロー － 投資キャッシュ・フロー　　　(5.2)

　これを言葉にすれば，「**フリー・キャッシュ・フローは，営業キャッシュ・フローから投資キャッシュ・フローを引いた残り**」となります。
　このような表現は厳密性には欠きますが，直感的にはピンと来るのではないでしょうか。
　フリー・キャッシュ・フローとはつまり，図表5-5の左側の**事業活動において，使って取り戻した結果，手元に残った正味のキャッシュ・フロー**ということです。
　手元に残った正味のキャッシュ・フローならば，企業が自由に使えます。これが「フリー」と言われる所以です。
　誰にとってフリーかというと，大局的に捉えれば，資金提供者です。左側の事業活動の結果は，右側の資金提供者に対する還元原資になるからです。
　したがって，**フリー・キャッシュ・フローは株主と債権者に帰属する**キャッシュ・フローです。この見方も重要です。

図表5-5　フリー・キャッシュ・フロー

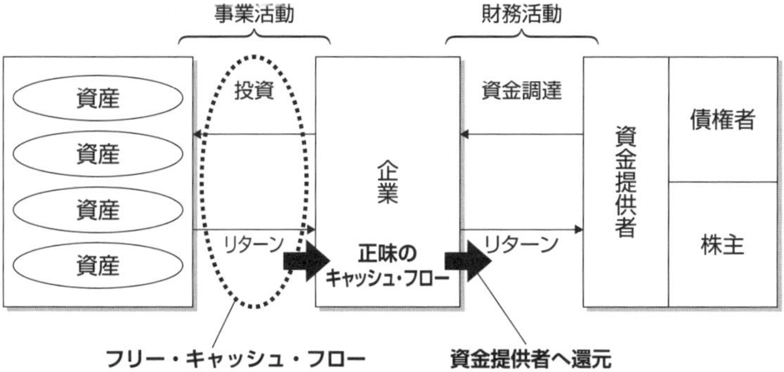

コラム 1　株価算定とフリー・キャッシュ・フロー

　M&A などにおける株価算定方法として現在最も主流なのは，フリー・キャッシュ・フローに基づき計算する方法です。

　その概略は以下の通りです。

$$企業価値 = \sum_{i=1}^{\infty} \frac{\text{FCF}_i}{(1 + \text{WACC})^i} \qquad (5.3)$$

ただし，FCF_i：i 年後のフリー・キャッシュ・フロー
　　　　WACC：企業の加重平均資本コスト

$$株主価値 = 企業価値 - 有利子負債 \qquad (5.4)$$
$$理論株価 = 株主価値 \div 発行済株式数 \qquad (5.5)$$

　式（5.3）は将来のフリー・キャッシュ・フローの現在価値です。「将来にわたってこれだけのフリー・キャッシュ・フローを生み出す企業を現在において一括払いで買うとしたらいくらか」ということです。

　ここでフリー・キャッシュ・フローを使うのは，それが株主と債権者に帰属するものだからです。したがって，それに基づいて計算した価値は，株主と債権者の両者に帰属する企業全体の価値になるのです。したがって，これを企業価値といいます。

　企業価値のうち，債権者に帰属する価値は一定です。なぜならば，債権者に帰属する価値とは，具体的には企業が債権者に負っている有利子負債の返済額だからです。それは企業価値の増減に関わらず変わりません。

　したがって，企業価値から有利子負債を控除した残りすべてが株主に帰属する価値，すなわち株主価値ということになります。それが式（5.4）です。

　1 株当たりの株主価値が理論株価になりますから，式（5.5）のように株主価値を発行済株式数で割れば理論株価となります。

3 フリー・キャッシュ・フローを使った分析

フリー・キャッシュ・フローはプラスが基本

　安全性の観点からすると，**フリー・キャッシュ・フローはプラスにしておくことが基本**です。

　フリー・キャッシュ・フローがプラスならば，資金調達の必要はありませんから，安全性が損なわれることはありません。逆に，フリー・キャッシュ・フローがマイナスになると，資金調達の必要が生じます。フリー・キャッシュ・フローがマイナス続きになると，資金調達し続けなければなりませんから，いつか資金繰りに行き詰まることになります。

　ですから，フリー・キャッシュ・フローはプラスにするのが基本なのです。

　では，どうであればフリー・キャッシュ・フローをプラスにできるのでしょうか。以下，フリー・キャッシュ・フローをFCF，営業キャッシュ・フローを営業CF，投資キャッシュ・フローを投資CFと表すことにします。

　投資CF<0であることを前提にすれば，

$$FCF = 営業CF - |投資CF| \qquad (5.6)$$

です。したがって，FCF>0となるためには，

$$営業CF > |投資CF| \qquad (5.7)$$

であればいいわけです。これは「投資キャッシュ・アウトを上回る営業キャッシュ・フローを稼ぎ出す」ということです。「使うお金よりも多くのお金を稼いでいる」ということですから，直感的にも当然です。

135

少々違う角度から言い換えれば，「**投資キャッシュ・アウトを営業キャッシュ・フローの範囲内に抑える**」という言い方もできます。これは経営者がしばしば使う表現です。

これは，投資を日々の稼ぎの範囲内に抑えるということです。「年収を上回る買い物はしない」ということです。年収を上回る買い物をするから，ローンという財務キャッシュ・フローに頼らなければならなくなるわけですから，これも直感的に理解できるでしょう。

ケーススタディ 9 オリエンタルランド

図表5-6はオリエンタルランドのフリー・キャッシュ・フローの推移です。これを見ると，2000年3月期から2002年3月期にかけてフリー・キャッシュ・フローがマイナスになっていることが分かります。特に2001年3月期は営業キャッシュ・フローの5倍以上の投資キャッシュ・アウトにより，大幅なフリー・キャッシュ・フローのマイナスとなっています。

フリー・キャッシュ・フローはプラスにするのが基本なのに，これは一体どういうことでしょうか。

これを理解するためには，オリエンタルランドの事業特性を考える必要があります。

オリエンタルランドの主たるビジネスであるテーマパークビジネスにおいては，

図表5-6　オリエンタルランドのキャッシュ・フロー

（単位：百万円）

	2000/3	2001/3	2002/3	2003/3	2004/3
営業CF	18,404	33,650	62,805	84,591	61,213
投資CF	△72,506	△171,512	△114,264	△27,807	△34,540
FCF	△54,102	△137,862	△51,459	56,784	26,673
財務CF	44,017	91,652	23,012	△33,453	△59,226

リピート率が非常に重要な成功要因の１つです。なぜならば，常に同じ場所でお客さんを待ち続けなければならないビジネスモデルだからです。

　物理的に同じ場所に何度も来てもらうためには，やっていることを絶えず変えて，飽きさせないようにしなければなりません。そのためには継続的な追加投資が必要となります。だからオリエンタルランドは，さまざまなイベントやパレードを行い，新しいアトラクションも作り続けているのです。

　その１つとして，オリエンタルランドは大きな勝負に出たのです。2001年度にディズニーシーを開園させたのです。同時期にホテルを２つ，イクスピアリという商業施設，さらにモノレールまで作っています。

　アトラクションを１つ新たに作る程度であれば営業キャッシュ・フローの範囲内で可能でしょう。しかし，これだけの投資となると営業キャッシュ・フローの範囲では収まりません。それによって，フリー・キャッシュ・フローが大幅にマイナスとなっているのです。

　2000年３月期から2001年３月期にかけては，財務キャッシュ・フローが２倍以上に増加しています。これは借入の増加によるものです。

　その後を見てみると，2003年３月期からは一転して力強いフリー・キャッシュ・フローを生み出しており，それと連動するかのように，財務キャッシュ・フローがプラスからマイナスに転じています。フリー・キャッシュ・フローによって借入金を返済しているのです。

ケーススタディ10　トヨタ自動車

　図表5-7は，2010年３月期から2019年３月期までの10年間にわたるトヨタ自動車（トヨタ）のキャッシュ・フローの推移です。この10年間で，半分の５期はフリー・キャッシュ・フローがマイナスになっています。

　フリー・キャッシュ・フローがマイナスになっているという点ではオリエンタルランドと同様ですが，オリエンタルランドは特定の時期にマイナスになっ

ていたのに対し，トヨタは頻繁にマイナスになっている点で少々異なるといえます。

図表5-7　トヨタのキャッシュ・フロー

（単位：百万円）

	2010/3	2011/3	2012/3	2013/3	2014/3	2015/3	2016/3	2017/3	2018/3	2019/3	合計
営業CF	2,558,530	2,024,009	1,452,435	2,451,316	3,646,035	3,685,753	4,460,857	3,568,488	4,223,128	3,766,597	31,837,148
投資CF	△2,850,184	△2,116,344	△1,442,658	△3,027,312	△4,336,248	△3,813,490	△3,182,544	△2,969,939	△3,660,092	△2,697,241	△30,096,052
FCF	△291,654	△92,335	9,777	△575,996	△690,213	△127,737	1,278,313	598,549	563,036	1,069,356	1,741,096
財務CF	△277,982	434,327	△355,347	477,242	919,480	306,045	△423,571	△375,165	△449,135	△540,839	△284,945

　その理由として考えられることは2つです。

　1つ目の理由は，自動車メーカという業種特性にあります。トヨタは，グループ全体で見れば軽自動車から高級車までを有する，世界有数のフルラインアップメーカです。これだけの車種があれば，恒常的に大小のモデルチェンジが発生します。モデルチェンジがあれば，製造ラインの変更が必要になりますから，これでまず頻繁な設備投資が発生します。

　2つ目の理由は，グローバルマーケットで戦うハイテク企業であるという特性です。グローバルマーケットは数多くの競合がひしめく競争の激しい世界です。また，ハイテク企業は進歩の速い世界です。このような企業は，絶え間ない研究開発をし続けないと負けてしまいます。そのため，研究開発に投資をして攻め続けなければならないのです。

　図表5-7の一番右の合計を見ると，フリー・キャッシュ・フローはプラスになっています。10年間トータルで見れば，きちんと帳尻を合わせているわけです。そもそも投資は複数年で回収するものですから，1年単位でフリー・キャッシュ・フローがプラスかマイナスかを論じることは，特に設備産業にとってはあまり意味がないとも言えます。

　オリエンタルランドとトヨタのケースから分かることは，**常にフリー・キャッシュ・フローがプラスでなければいけないわけではない**ということです。**フリー・キャッシュ・フローがプラスであるべきだというのは，あくまでも安全**

性のためです。企業の成長のためには，時にはフリー・キャッシュ・フローをマイナスにしてでも思い切ってお金を使うことが重要だということです。

　年収の範囲に収まる買い物だけをしていれば確かに安全ですが，それだけを考えていては，クルマも家も買えません。

　少々気になるのは，2016年3月期以降，トヨタのフリー・キャッシュ・フローが一度もマイナスになっていないことです。

　この時期は自動車業界に大変革が起きようとしている時期です。それは，2016年のパリモーターショーで独ダイムラーが提唱した“CASE”に集約されています。CASEとは，Connected（ネットにつながる），Autonomous（自動運転化），Shared（持たずにシェアする），Electric（電動化）の4つの頭文字を取ったものです。正に，これからの自動車の方向性です。

　これだけの変化が起きようとしているわけですから，2016年以降はフリー・キャッシュ・フローがもっとマイナスになってもよさそうなものです。

　ただ，CASEという流れは，既存の自動車メーカにとっては不確実性を高める要因にもなっています。

　Connected，Autonomous，Electricという3つの流れは，自動車が機械から電子製品になるということです。それによって，今までにない新規参入の脅威にもさらされています。これからの自動車メーカは，テスラ，グーグル，アップルのような，カルチャーもスピードも格段に異なるシリコンバレーの企業と戦わなければならないのです。

　Sharedという流れは，自動車が今までのように売れないことを意味します。さらに，若者のクルマ離れも進んでいますから，ますます売れない状況になっています。

　このような不確実性の高まりによって，トヨタはマインド的にも少々安全性に重きを置き出したのかもしれません。

　果たしてそれが吉と出るのか否かは，これから起こる事実が教えてくれるでしょう。

ケース スタディ 11 東日本旅客鉄道（JR東日本）

　図表5-8は，東日本旅客鉄道（JR東日本）のキャッシュ・フローの推移です。毎期，堅実にフリー・キャッシュ・フローをプラスにしているのはセオリー通りとも言えますが，これもやはりJR東日本の置かれている状況と関係があります。

　まず，対象とするマーケットは基本的に国内です。また，それほど進歩の速い業種でもありません。いずれもトヨタ自動車のような企業とは対照的です。したがって，フリー・キャッシュ・フローをマイナスにするほど積極的に投資をする必要性は高くないと考えられます。

　さらに，JR東日本は，大きな経営課題の1つに有利子負債の圧縮を掲げてきました。それは国鉄時代に借りた高金利の多額の有利子負債があったからです。その返済原資となるのがフリー・キャッシュ・フローですから，毎期堅実にフリー・キャッシュ・フローをプラスにする必要があったのです。

　ただし，それも変わってきました。2017年3月期までは，決算説明における今後の営業キャッシュ・フローの使途の1つに「債務削減」がずっと掲げられていましたが，2018年3月期の説明資料からはそれがなくなりました。債務削減よりも成長のための投資の方に重点が移ってきています。

　図表5-9は2019年3月期の財務キャッシュ・フローの内訳です。これを見ると，債務は正味211億円ほど削減されていますが，一番目立つのは株主還元です。自己株式取得と配当を合わせると966億円になり，財務キャッシュ・フローに

図表5-8　JR東日本のキャッシュ・フロー

（単位：百万円）

	2015/3	2016/3	2017/3	2018/3	2019/3
営業CF	622,762	673,109	652,906	704,194	663,801
投資CF	△476,844	△499,575	△557,538	△541,857	△594,425
FCF	145,918	173,534	95,368	162,337	69,376
財務CF	△86,636	△110,265	△116,280	△135,100	△120,693

おけるキャッシュ・アウトの大半を占めています。

　JR東日本の財務キャッシュ・フローはマイナスであることがほとんどですが，その理由は，かつての債務削減から株主還元へと変わってきているようです。

図表5-9　JR東日本の財務キャッシュ・フロー内訳（2019年3月期）

（単位：百万円）

長期借入れによる収入	143,000
長期借入金の返済による支出	△119,707
社債の発行による収入	125,000
社債の償還による支出	△165,000
鉄道施設購入長期未払金の支払による支出	△4,419
自己株式の取得による支出	△41,020
配当金の支払額	△55,585
その他	△2,961

債務の増減 △21,126

株主還元 △96,605

第6章

安全性分析⑶
〜回転期間〜

1 売上債権回転期間

定義式とその意味

売上債権回転期間の定義式は以下の通りです。

$$売上債権回転期間 \ = \ \frac{売上債権}{売上高/12}(月) \tag{6.1}$$

$$売上債権 \ = \ 受取手形＋売掛金 \tag{6.2}$$

売上債権とは，文字通り，売上に伴って発生する債権のことです。具体的には式（6.2）の通り，受取手形と売掛金の合計額です。式（6.1）の分子には，その期末残高を用います。

一方，分母は年間の売上高を12で割ったものです。これは月平均売上高を意味します。

さて，売上債権の期末残高を月平均売上高で割ると，どういう意味になるでしょうか。

月平均売上高とは，すなわち売上債権の月平均発生額でもあります。なぜならば，基本的に売上高と同額の売上債権が発生するからです。売上債権の月平均発生額は，簡単に言えば月平均取引額です。

期末残高を月平均取引額で割っているということは，その結果は**期末残高が取引量の何ヵ月分に相当するか**という意味になります。だから，売上債権回転期間の単位は「月」になるのです。

売上債権残高は，このように滞留期間にすることによって，初めてその良し悪しが判断できるようになります。逆に，絶対額だけではピンときません。また，前期と比べて増減があった場合も，それがいいのか悪いのかの判断もつきません。それが滞留期間に翻訳されれば，実感がわくはずで

す。

　安全性の観点からは，**売上債権回転期間は短い方が望ましいと言えます。**また，短くなるように努めるべきです。なぜならば，売上債権回転期間が短いということは早期に入金が行われることを意味するからです。

回収サイトの近似値になる

　売上債権回転期間は理論的にはその企業の売上債権の平均回収サイトに等しくなります。回収サイトとは，代金を回収するまでの期間です。

　なぜそうなるかを図表6-1を使って説明しましょう。

　今，月平均売上高が100万円，売上債権の回収サイトが2ヵ月，決算月が3月の会社があるとします。月平均売上高が100万円ということは，毎月平均的に100万円の売上債権が発生します。その回収サイトは2ヵ月ですから，売上債権は2ヵ月遅れで回収されて消滅します。

　そうすると，3月期末時点では，1月に発生した売上債権までは回収されて消滅しています。しかし，2月と3月に発生した売上債権の回収は翌年度になりますから，期末時点ではその合計額である200万円が残高として残ることになります。

　この場合，売上債権回転期間を計算すると2ヵ月になります。それは2

図表6-1　売上債権の発生と消滅

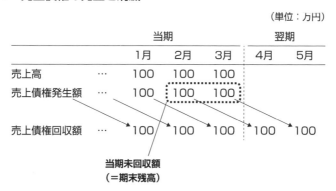

月と3月に発生した2ヵ月分が残っているからです。そして，なぜ2ヵ月分が残るかというと，回収サイト，すなわち回収までのタイムラグが2ヵ月だからです。

　これが，売上債権回転期間が理論的には平均回収サイトに等しくなる理由です。

回転期間の活用法

　売上債権回転期間がその企業の平均回収サイトに等しいならば，**売上債権回転期間はほぼ一定のはず**です。なぜならば，回収サイトは顧客との取引条件だけで決まるからです。ある顧客に対する販売量が増えようが減ろうが，売買契約で「当月末締め翌々月払い」と定めてあるならば，回収期間は常に2ヵ月で変わりません。

　売上債権回転期間はほぼ一定という性質を利用すると，売上債権の異常な変化を検知する指標として活用できます。

　売上債権回転期間が変動する健全な理由として考えられるのは，新規顧客との取引開始，既存顧客との取引停止，既存顧客との取引条件変更などが考えられます。これらが原因で売上債権回転期間が変動するのは特に問題ありません。しかし，これらの事象が発生していないのにもかかわらず売上債権回転期間に変動がある場合は，何らかの異常事態が発生している可能性があります。

　その1つとして考えられるのは，**顧客からの代金支払いが滞っている可能性**です。これは放っておくと不良債権化しかねません。何より，会社の資金繰りを悪化させます。

　支払いの遅延が起こっている場合は，売上債権の残高が正常な場合よりも多くなっているはずですから，売上債権回転期間は長くなります。売上債権回転期間を定期的にモニタリングしていれば，それに気付けるのです。

　営業部門の管理者がすべての顧客の支払状況を個々に把握するのは困難ですが，売上債権回転期間をモニタリングすることは容易にできます。そ

して，異常な動きが見られたら，担当者に対して「顧客からの代金支払状況を確認して報告しなさい」という指示を出せばいいのです。

売上債権回転期間が変動する不健全な理由として他に考えられるのは，**粉飾の可能性**です。

粉飾とは人為的に数値をいじることですから，どうしても数値間のバランスが崩れます。そして，粉飾では売上高を多く見せようとすることが多いですから，売上高と売上債権のバランスが崩れることが多いのです。

したがって，本来一定のはずの売上債権回転期間に変動が見られる場合，人為的に数値を操作した可能性があるのです。

そのため，売上債権回転期間は，内部監査部門などが不正・粉飾を検知するための指標としても使えるわけです。

2 仕入債務回転期間

定義式とその意味

仕入債務回転期間の定義式は以下の通りです。

$$仕入債務回転期間 = \frac{仕入債務}{仕入高/12}（月） \tag{6.3}$$

$$仕入債務 = 支払手形＋買掛金 \tag{6.4}$$

式（6.3）の意味は，売上債権回転期間の意味が理解できていれば，以下の説明は容易に理解できるでしょう。

仕入債務とは，文字通り，仕入に伴って発生する債務のことです。具体的には式（6.4）の通り，支払手形と買掛金の合計額です。式（6.3）の分子には，その期末残高を用います。

分母は年間の仕入高を12で割ったものです。これは月平均仕入高を意味

します。

月平均仕入高とは，すなわち仕入債務の月平均発生額です。それは1ヵ月当たりの平均取引額です。

平均取引額で期末残高を割りますので，その結果は**期末残高が取引量の何ヵ月分に相当するか**という意味になります。したがって，仕入債務回転期間の単位も，売上債権回転期間と同じく「月」になります。

安全性の観点からは，**仕入債務回転期間は長い方が望ましい**と言えます。また，長くなるように努めるべきです。なぜならば，仕入債務回転期間が長いということは，支払いまでの猶予期間が長いことを意味するからです。

分母は仕入高

仕入債務回転期間に関して少々注意してほしいのが，分母に仕入高を用いる点です。

後述するように，分母に売上高を使うバージョンもありますが，それだと本来の「回転期間」の意味にはなりません。本来の「回転期間」の意味にするためには，**分子をその発生原因で割る**のが基本です。1月当たりの発生原因で割るから，計算結果が「発生原因の何ヵ月分」という期間の意味になるのです。

先ほどの売上債権回転期間の場合は，分子の売上債権の発生原因は売上です。ですから，1月当たりの売上高で割ります。

仕入債務回転期間の場合は，分子の仕入債務を発生させる原因は仕入（＝購入）です（図表6-2）。したがって，この場合は1月当たりの仕入高で割るのです。

損益計算書において売上原価の内訳が表示されている場合は，当期の仕入高はそれから直接分かります。損益計算書に売上原価の内訳がなく，売上原価しか表示されていない場合は以下のように求めることができます。ここで，前期末棚卸資産は図表6-2の期首棚卸資産に相当します。

図表6-2　仕入債務は仕入によって発生

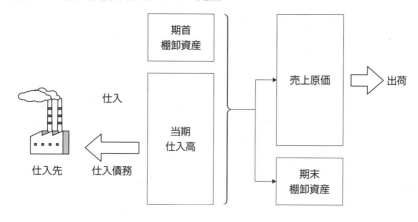

$$当期仕入高 ＝ 売上原価（P/L）＋当期末棚卸資産（B/S）$$
$$－ 前期末棚卸資産（B/S） \tag{6.5}$$

　近似的には，売上原価で代用するという方法もあります。特に，期末棚卸資産に大きな変動がなければ，当期仕入高は売上原価にほぼ等しくなるので，仕入高を売上原価で代用することは容認できます。期末棚卸資産に大きな変動がないという仮定も，それほど非現実的ではないでしょう。ただ，その仮定が成り立たないことも十分にあり得ますので，あくまでも簡便的な計算になります。

支払サイトの近似値になる

　売上債権回転期間が理論的に売上債権の平均回収サイトになるのと同様に，**仕入債務回転期間は理論的には仕入債務の平均支払サイトになります**。支払サイトとは，代金を支払うまでの期間です。

　たとえば，月平均仕入高を100万円，支払債務の支払サイトを１ヵ月とすれば，仕入債務の発生と支払いによる消滅は図表6-3のようになります。この場合，期末時点で残っている仕入債務は，３月に発生した１ヵ月分で

図表6-3　仕入債務の発生と消滅

（単位：万円）

		当期			翌期
		1月	2月	3月	4月
仕入高	…	100	100	100	
仕入債務発生額	…	100	100	100	
仕入債務支払額	…	100	100	100	100

当期末支払額
（＝期末残高）

す。なぜ1ヵ月分が残るかというと，支払サイト，すなわち支払いまでの
タイムラグが1ヵ月だからです。

　仕入債務回転期間が理論的に支払サイトに等しいということは，**仕入債**
務回転期間もほぼ一定になるはずです。なぜならば，支払サイトは，仕入
先との取引条件だけで決まるからです。

　仕入債務回転期間を見れば，その企業の**"金払い"の良し悪しが分かり**
ます。仕入債務回転期間が短い企業は，すぐに代金を支払ってくれるとい
うことですから，金払いのいい企業だと推測できます。一方，仕入債務回
転期間が長い企業は，なかなか代金を支払ってくれない，金払いの悪い企
業であると推測できます。

　その企業の財務諸表を入手できることが前提ではありますが，その企業
に直接聞かなくても，その企業の金払いの良し悪しは仕入債務回転期間を
見れば大体分かるのです。

日本企業の売上債権回転期間と仕入債務回転期間

　図表6-4は，日本における主要業種の売上債権回転期間と仕入債務回転
期間です。

　全産業を見ると，売上債権回転期間も仕入債務回転期間も2ヵ月弱にな

150

図表6-4　日本における主要業種の売上債権回転期間と仕入債務回転期間

		全産業	製造	建設	情報通信	運輸	卸・小売	不動産	サービス
売上債権回転期間(月)	2014	1.9	2.3	2.1	2.0	1.4	1.7	0.5	1.2
	2015	1.9	2.4	2.2	2.4	1.5	1.7	0.6	1.3
	2016	1.8	2.4	2.2	2.1	1.4	1.6	0.4	1.3
	2017	1.9	2.4	2.1	2.0	1.4	1.6	0.4	1.3
	2018	1.9	2.4	2.1	2.1	1.5	1.6	0.4	1.2
仕入債務回転期間(月)	2014	1.9	2.1	2.2	1.7	1.2	2.0	1.5	1.3
	2015	1.9	2.0	2.2	1.6	1.3	2.0	1.2	1.3
	2016	1.9	2.1	2.1	1.4	1.3	1.9	0.9	1.6
	2017	1.9	2.1	2.2	1.5	1.4	1.9	0.8	1.6
	2018	1.8	2.1	2.1	1.4	1.4	1.9	0.9	1.3

出所：財務省・財務総合政策研究所「法人企業統計調査」より作成

っています。これは，多くの企業が「当月末締め翌々月入金（支払い）」というサイクルでビジネスをやっているということです。これは，実感に非常に合う数字ではないかと思います。

　また，売上債権回転期間，仕入債務回転期間のいずれも毎期安定しており，大きな変動が見られないことも分かると思います。これから，売上債権回転期間も仕入債務回転期間もほぼ一定ということが実証的に確認できます。

3　棚卸資産回転期間

定義式とその意味

　もう1つ重要な回転期間に，棚卸資産回転期間があります。定義式は以下の通りです。

$$棚卸資産回転期間 = \frac{棚卸資産}{売上原価/12}（月） \tag{6.6}$$

ここまでくれば，式（6.6）の意味も容易に理解できるでしょう。式（6.6）は，**期末の棚卸資産が取引量の何ヵ月分に相当するか**という意味になります。

　棚卸資産回転期間の分母には売上原価を用います。売上原価とは，出荷されたものの原価です。その月平均額で期末棚卸資産の額を割ることによって，期末に棚卸資産が出荷量の何ヵ月分滞留しているかという意味になるわけです（図表6-5）。

　棚卸資産回転期間も安定的です。保有在庫量は，その企業の物流能力で決まるからです。

　棚卸資産回転期間は，**棚卸資産が出荷されるまでのタイムラグ**という意味にもなります。たとえば，棚卸資産回転期間が2ヵ月だとすると，それは出荷量の2ヵ月分が残っているということです。ということは，2ヵ月経てばそれらは出荷されてなくなるはずです。したがって，出荷までのタイムラグという意味になるのです。

　安全性の観点からは，棚卸資産回転期間は短い方が望ましいと言えます。また，短くなるように努めるべきです。なぜならば，棚卸資産回転期間が短い方が出荷までのタイムラグが短くなり，現金化されるのが早まるから

図表6-5　棚卸資産回転期間は売上原価で割る

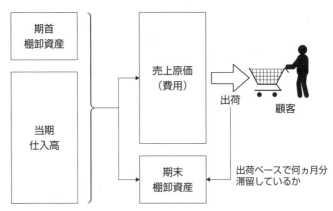

です。反対に，棚卸資産回転期間が長いということは在庫の滞留量が多いということであり，それだけ先に多くの現金を使っているということですから，資金繰りが苦しくなります。

管理目的によっては仕入額で割るのもアリ

棚卸資産回転期間の分母に売上原価を用いる場合，暗黙の前提として出荷される棚卸資産である商品や製品に力点が置かれていることになります。棚卸資産のうち，金額的に多くを占めるのは商品や製品ですから，そこに力点を置くのは自然なことではあります。

ただ，製造業の調達部門などでは，調達量を基準として業務上のさまざまな判断をしているかもしれません。そもそも，調達部門は出荷業務には直接的に携わりませんから，出荷量を基準に在庫水準を言われても，実感がわかない可能性があります。

そのような場合は，棚卸資産回転期間の分母にあえて仕入高を用いるといいかもしれません。**分母に1月当たりの仕入高を使えば，棚卸資産回転期間は，「調達量の何ヵ月分か」という意味になります。**

棚卸資産回転期間の一般的な定義式では分母は売上原価ですが，財務分析は制度モノではありません。管理目的に応じて定義式は柔軟に変更して構いませんし，むしろそうするべきです。

ただし，計算式を独自に修正した場合は，一般的な式とは異なる式を用いているという自覚と周知徹底は必要です。

日本における棚卸資産回転期間

図表6-6は日本における棚卸資産回転期間の推移です。

まず1つの特徴として，**製造業は棚卸資産回転期間が長い**ことが挙げられます。それは，製造業は至るところに在庫が存在するからです。

卸売業や小売業の場合は在庫になるのは商品だけです。しかし，製造業の場合，製品以外に仕掛品と材料も在庫になります。そして，仕掛品は工

程ごとに発生しますので，業務プロセスに沿って至るところに仕掛品在庫が存在することになります。また，1つの製品に対して複数種類の材料が必要となります。自動車などは1台の部品点数は数万点にも及びます。これだけでも膨大な在庫数になります。これが製品種類数存在するのです（図表6-7）。

図表6-6　日本における棚卸資産回転期間の推移

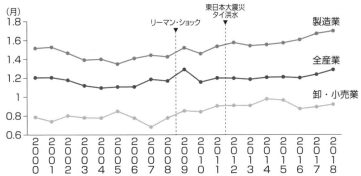

出所：財務省・財務総合政策研究所「法人企業統計調査」より作成

図表6-7　製造業は在庫が溜まりやすい

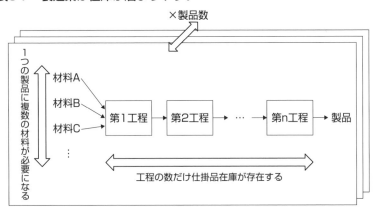

　製造業の場合，それぞれのちょっとした過剰在庫が，全体として雪だるまのように膨れ上がる構造になっているのです。**在庫管理は製造業にとって特に重要**であることが分かると思います。

　図表6-6を長期的に見ると，2000年代前半までは棚卸資産回転期間は全体的に下降傾向にあります。この頃は，「在庫は極力持たないのが善」という考え方が強かったからだと思います。

　その後，棚卸資産回転期間が増加し始めます。今から考えれば，これは景気減速の兆候だったのだろうと思われます。景気が悪化すると物が売れなくなり，在庫がだぶつくからです。そして2008年9月にリーマン・ショックが起き，世界的大不況に陥りました。その直後の2009年度に棚卸資産回転期間がスパイク上に増加しているのは，景気悪化によって商品が売れなくなり，売れ残りが増加したからだろうと思われます。

　その後，少々落ち着きますが，2011年頃から再び上昇傾向になっています。その理由として考えられる仮説は，2011年に起きた東日本大震災とタイの大洪水です。

　それまでの「在庫は極力持たないのが善」という考え方は，確かに安全性の面からは望ましいことですが，それが可能となる前提は物流がきちんと機能していることです。必要なものを必要なときに必要なだけ調達できるからこそ，手元にあまり持たなくても仕事が回るのです。

　ところが，東日本大震災やタイの大洪水のような甚大な自然災害が起こると，物流網が寸断されます。そうなると，必要なものを調達できなくなりますから，製造業などでは製造ラインが止まってしまいます。これでは仕事になりません。

　予測不可能な自然災害を相次いで経験したことによって，「とにかく在庫は持たない方がいい」という考え方が変わったように思います。その結果が，2011年頃を境に棚卸資産回転期間が上昇している一因なのではないかと思います。上昇傾向が製造業に顕著に表れているのも，この仮説を裏付けているように思います。

ケーススタディ 12 自動車メーカの棚卸資産回転期間

図表6-8は国内自動車メーカ上位3社の棚卸資産回転期間です。

この中で、トヨタ自動車（トヨタ）の低さが目立ちます。図表6-6を見ると、同時期の製造業が1.6〜1.7ヵ月ですから、それと比べてもトヨタの棚卸資産回転期間の低さが分かります。

その理由として考えられる仮説は、同社の**かんばん方式**と呼ばれる生産管理方式です。これは、**ジャスト・イン・タイム方式**とも呼ばれるように、「必要なときに必要なものを必要なだけ作る」ことを目指した生産管理方式です。

それまでの自動車業界における常識は、フォードが考え出した生産方式でした。そこでは、同種の部品はなるべくまとめて作ることが基本です。その方が、製造機械の段取り替えの回数が少なくなり、効率的と考えられたのです。

しかし、そのような方式では大量の作り置きが発生します。そうなると、部品の在庫を管理するスペースやその在庫を管理する追加的な人が必要となります。また、見込みで作り置きしますから、作り過ぎによる廃棄も頻繁に発生します。製造業の場合、それが膨大になりやすいことは既に述べた通りです。

そこで、トヨタが考え出したのがかんばん方式です。かんばん方式では、各工程の在庫にかんばんと呼ばれるプレートが挟まっていて、在庫が一定数量までなくなるとそのかんばんが現れるようになっています。それを目印として、その工程は前工程に対して製造指示を出すのです。

かんばん方式の本質は、情報を逆流させることにあります。 物は上流から下流にしか流れません。何もしないと情報も上流から下流にしか流れません。流れるというよりも、実際は前工程が後工程の状況を推測しているだけです。その結果が作り置きです。

トヨタのかんばん方式は、かんばんという原始的な道具を使って、情報を下流から上流に逆流させているのです。前工程は後工程からの指示があるまで製造しませんから、無駄な作り置きが発生しないのです。

図表6-8　自動車メーカの棚卸資産回転期間

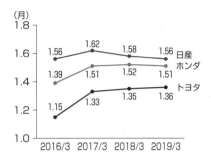

かんばん方式は今や誰もが知る有名な生産管理方式ですので，多くの製造業が採用しています。自動車メーカは言うまでもありません。それでもトヨタの棚卸資産回転期間がこれだけ低いというのは，やはり本家本元には一日の長があるということなのでしょう。

ケーススタディ13 ファーストリテイリング

　図表6-9はユニクロを展開するファーストリテイリングの棚卸資産回転期間です。

　2010年8月期を見ると，前後の期に比べて落ち込んでいることが分かります。2010年8月期は同社の看板商品の1つであるヒートテックが大ヒットした年で，5000万枚を販売したものの，店舗によっては11月末で品切れが発生しました。

　同社は，年間の需要予測に基づいてまとめて製造した後は，基本的に追加製造をしません。そのため，予測を超えて売れた商品は早々に品切れとなり，在庫が減少するのです。

　2010年8月期に見られる棚卸資産回転期間の減少は，その影響ではないかと思われます。

　柳井正CEOは当時「品切れは在庫を残すより悪である」とおっしゃっていま

図表6-9　ファーストリテイリングの棚卸資産回転期間

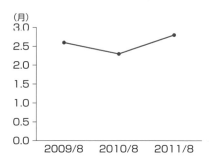

す。同社は，翌年度は製造数を7000万枚に増やしました。その結果，2011年
8月期の棚卸資産回転期間も増加しています。この期は前期ほどの欠品は起こ
さなかったのではないかと思われます。

　在庫管理の難しさはここにあります。**過剰在庫は資金繰りを悪化させますが，
過少在庫は機会損失につながるのです。**

　ヒートテックも，2010年8月期は本格的に寒くなる前の11月で品切れとな
っていますから，商品があればもっと売れたはずです。

　仮に，2011年8月期並みに売れたとすると，あと2000万枚売れたことにな
ります。ヒートテックの平均販売価格を1000円，粗利率を2010年8月期の全
社の粗利率52％と同じと仮定すると，機会損失は1000円×2000万枚×52％
≒103億円にもなります。

4 売上高を分母とする回転期間

　回転期間にも別のバージョンが存在します。それは，すべての回転期間
において売上高を分母とする回転期間です。

　分母のすべてに売上高を用いる回転期間は，総資産回転期間の構成要素
という見方に基づいています。

　一般的に，**回転期間は回転率の逆数**という関係にあります。たとえば，

総資産回転期間は総資産回転率の逆数ですので，以下のように総資産回転率の分母と分子を入れ替えたものになります。

$$総資産回転期間 \ = \ \frac{1}{総資産回転率}$$

$$= \ \frac{総資産}{売上高} \tag{6.7}$$

式（6.7）の分子をその構成要素に分解すると，以下のようになります。

$$総資産回転期間 \ = \ \frac{売上債権＋棚卸資産＋有形固定資産＋\cdots}{売上高}$$

$$= \ \frac{売上債権}{売上高} ＋ \frac{棚卸資産}{売上高} ＋ \frac{有形固定資産}{売上高} ＋\cdots \tag{6.8}$$

式（6.8）のそれぞれが，売上債権回転期間，棚卸資産回転期間，有形固定資産回転期間です。これらは総資産回転期間を分解したものですから，分母がすべて売上高になるのです。

分析目的が，総資産回転期間の細分析にある場合は，分母のすべてに売上高を用いる回転期間の方が適しています。

しかし，この回転期間は，回転期間と言いつつ，**期間という意味には必ずしもなっていません。**なぜならば，分母が分子の発生原因になっていないからです。

それ以前に，次元も必ずしも合っていません。たとえば，式（6.8）の棚卸資産回転期間は，分子の棚卸資産は原価ですが，分母の売上高は売価です。これが次元が合っていないということの意味です。次元が合っていなければ，計算結果は期間になりません。

したがって，分析目的が期間にあるならば，分母のすべてに売上高を用いる回転期間は適当ではありません。

5 キャッシュ・コンバージョン・サイクル (CCC)

定義式とその意味

キャッシュ・コンバージョン・サイクル（Cash Conversion Cycle: CCC）の定義式は以下の通りです。

$$\text{CCC} = \text{売上債権回転期間} + \text{棚卸資産回転期間} - \text{仕入債務回転期間（日）} \tag{6.9}$$

キャッシュ・コンバージョン・サイクルの単位は一般的に日数です。したがって，売上債権回転期間，棚卸資産回転期間，仕入債務回転期間もすべて単位が日数のものを用います。そうするためには，以下のように，年額を365で割ったものを分母に用いるのが一般的です。

$$\text{売上債権回転期間} = \frac{\text{売上債権}}{\text{売上高}/365}（日） \tag{6.10}$$

$$\text{棚卸資産回転期間} = \frac{\text{棚卸資産}}{\text{売上原価}/365}（日） \tag{6.11}$$

$$\text{仕入債務回転期間} = \frac{\text{仕入債務}}{\text{仕入高}/365}（日） \tag{6.12}$$

また，キャッシュ・コンバージョン・サイクルは日数という時間的な期間を計算するものなので，式 (6.10)，(6.11)，(6.12) はいずれも，分母には分子の発生原因を用いています。第6章4で説明した，分母のすべてに売上高を用いる回転期間は使えません。

さて，キャッシュ・コンバージョン・サイクルの定義式 (6.9) は，どういう意味になるでしょうか。それを図表6-10で考えてみましょう。

図表6-10　キャッシュ・コンバージョン・サイクル（CCC）

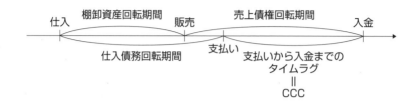

　ある商品を仕入れると，それは在庫になります。在庫になった商品は，理論的にはそこから棚卸資産回転期間だけ経過すると販売されるはずです。なぜならば，棚卸資産回転期間は販売までのタイムラグを意味するからです。

　販売されると，そこで売上高とともに売上債権が発生します。その売上債権は，理論的には販売時点から売上債権回転期間だけ経過すると入金が行われるはずです。なぜならば，売上債権回転期間は平均回収サイトを意味するからです。

　一方，最初に商品を仕入れた時点で仕入債務が発生しています。その仕入債務は，理論的には仕入れた時点から仕入債務回転期間だけ経過すると支払日がやってきます。なぜならば，仕入債務回転期間は平均支払サイトを意味するからです。

　ということは，式（6.9）で計算される**キャッシュ・コンバージョン・サイクルは，支払いから入金までのタイムラグ**を意味するのです。

　なお，前受金や前渡金がある場合は，式（6.9）の売上債権と仕入債務からそれぞれ前受金と前渡金を控除します。

　図表6-10から分かる重要なことの1つは，通常は**入金より支払いの方が時間的に先にやってくる**ということです。ビジネスではまず先にお金を払って，後からそれを上回るお金を取り戻すというのが通常の順番なのです。

　そうなると，支払いから入金までの間は資金が不足する可能性があります。そのため，その期間を乗り切る資金が必要になります。それを**運転資**

金といいます。手元資金の乏しい企業は，短期に借入をしたり，期日前に手形を割り引いたりなどの対策が必要になります。

入金よりも支払いの方が先になるのが普通ですので，キャッシュ・コンバージョン・サイクルはプラスになるのが普通です。

安全性の観点からは，キャッシュ・コンバージョン・サイクルは当然短い方が望ましいですし，短くなるように努めるべきです。

日本企業のキャッシュ・コンバージョン・サイクル

図表6-11は日本における主要業種のキャッシュ・コンバージョン・サイクルです。

これを見ると，全産業平均で30日を超えることが分かります。つまり，支払いから入金まで平均的に1ヵ月を超えるということです。1ヵ月を超えると，いろいろな経費や給与の支払いもありますので，それこそ気を付けないと資金がショートしかねません。

また，製造業は50日後半から60日にもなります。その1つの原因は，図表6-6で見たように，棚卸資産回転期間が長いことです。これは至るところに多くの在庫が存在するからと考えてもいいですが，棚卸資産回転期間は仕入から販売までのタイムラグであるという観点からすれば，製造業は仕入れてから販売するまでに製造というプロセスがあるために，その期間が長くなると考えてもいいでしょう。

その期間が長いため，売上債権の回収や仕入債務の支払いの期間が他業

図表6-11　日本における主要業種のキャッシュ・コンバージョン・サイクル

		全産業	製造	建設	情報通信	運輸	卸・小売	不動産	サービス
CCC(日)	2014	35.9	55.9	38.5	33.2	29.2	20.4	184.4	7.5
	2015	38.1	57.9	39.9	48.3	29.0	21.4	179.6	10.3
	2016	36.3	56.1	42.0	40.5	31.9	18.2	211.0	2.5
	2017	37.1	57.5	38.1	33.5	29.2	19.8	206.9	5.0
	2018	39.9	60.3	56.5	36.4	23.1	19.3	179.3	12.5

出所：財務省・財務総合政策研究所「法人企業統計調査」より作成

162

種と同程度であっても，支払いから入金までのタイムラグが延びてしまうのです。

　キャッシュ・コンバージョン・サイクルを重要な管理指標とする企業には製造業が多いですが，それはそのような事情からでしょう。

ケース スタディ **14** アップルとサムスンのCCC

　図表6-12は米国アップルと韓国サムスンのキャッシュ・コンバージョン・サイクルです。

　サムスンのキャッシュ・コンバージョン・サイクルは製造業として標準的な水準ですが，アップルはマイナスになっています。しかも大幅なマイナスです。

　一般的に，キャッシュ・コンバージョン・サイクルはプラスになるのが普通で，多くの企業はそれをいかに短くするかということでしのぎを削っています。そのような中で，キャッシュ・コンバージョン・サイクルがこれだけマイナスになるのは異例のことです。

　キャッシュ・コンバージョン・サイクルがマイナスということは，先に入金があって支払いは後になっているということです。その理由として考えられる仮説は2つです。それはビジネスモデルの違いと力関係です。

　まず1つ目のビジネスモデルですが，サムスンは典型的な電機メーカです。アップルもiPhoneなどの各種製品を製造している電機メーカですが，アップルはほとんど製造をしていません。製造は鴻海などのEMS（Electronics Manufacturing Service: 電子機器受託製造サービス）にほぼ全面的に委託し，自身は企画・開発・マーケティングだけをやっているような企業です。したがって，アップルの実態はサービス業に近く，従来型の製造業とはビジネスモデルが相当異なります。アップルには材料の在庫も仕掛品の在庫もないでしょうし，完成品をEMSから販売会社等の顧客に直送しているとしたら，製品在庫もアップルにはありません。

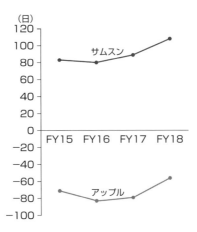

図表6-12　アップルとサムスンのCCC

　ビジネスモデルという点では，アップルがApple StoreやiTunes Storeを通じてアプリや音楽を販売している点もサムスンとは異なります。これらのコンテンツは，複製されてダウンロードされるか，ストリーミングという形で再利用されますから，そもそも在庫というものが存在しません。また，販売量に応じて開発者やアーティストに印税のような形で報酬が支払われる形態もあると思われますが，そのような場合は入金が先で支払いが後になります。

　キャッシュ・コンバージョン・サイクルがマイナスである理由として考えられる２つ目の仮説は，取引先との力関係です。一般的に，回収サイトと支払サイトは取引先との力関係で決まります。仕入先よりも強い立場であれば，仕入先に対する支払いを遅くできます。また，顧客よりも強い立場であれば，代金の回収を早期に求めることができます。

　アップルの場合，可能性として，その両方が当てはまります。仕入の面では，アップルと取引をしたい部品メーカは世界中にたくさんいるはずですから，少々不利な条件でもアップルと取引をする可能性があります。また，アップルにとっての顧客である家電量販店や電話会社は，皆アップルの製品を取り扱いたくてしようがないわけですから，これも不利な条件を呑む可能性があります。

　このようにしてマイナスになっているキャッシュ・コンバージョン・サイクルは，単にアップルの安全性を高めているだけではありません。早期に資金回収ができるわけですから，それを次の製品の研究開発に迅速に再投資できるのです。

　なかなか真似のできないマイナスのキャッシュ・コンバージョン・サイクルは，アップルのイノベーションを支える１つの理由になっているとも言われています。

第7章

生産性分析

1 生産性とは何か

生産性とは経営資源当たりの付加価値

　生産性という言葉はよく耳にする言葉だと思います。「生産性をもっと上げましょう」などということは，職場でも言われているのではないかと思います。ところが，どうやって計算するのかと言われると，きちんと分かっていない人が少なくないのではないかと思います。

　生産性とは経営資源の活用度合いのことです。具体的には，投入された経営資源がどれだけ効率的にアウトプットを生み出しているかを計算します。

$$生産性 \ = \ \frac{アウトプット}{経営資源} \tag{7.1}$$

　これが生産性の基本です。

　次に問題になるのは，経営資源とは具体的に何か，アウトプットとは具体的に何かということです。

経営資源はヒト・モノ・カネ

　経営資源といえば，昔から言われているのはヒト・モノ・カネです。生産性の式における経営資源にもヒト・モノ・カネを使います。

　ヒトに対する生産性は労働生産性といいます。具体的には従業員数を用います。

　モノに対する生産性は設備生産性といいます。具体的には有形固定資産価額を用います。

　カネに対する生産性は資本生産性といいます。具体的には総資本価額を

用います。

　日常会話においては，単に「生産性」と言われることもあります。「生産性」とだけ言った場合は労働生産性を指していることが多いと思います。やはり，ヒトがどれだけアウトプットを生んでいるかというのは，すべての企業にとっての大きな関心事だからです。ただ，生産性には少なくとも3種類の生産性がありますから，本来はただ単に「生産性」と言っただけでは意味をなしません。

　実際，労働生産性以外の生産性が重要である場合もあります。たとえば，製造業や通信業のような設備産業，装置産業の場合は，設備生産性は重要な生産性指標となるはずです。また，金融業などは調達資金を運用してアウトプットを生むビジネスモデルですから，そのような業種では資本生産性が重要な意味を持つでしょう。

アウトプットは付加価値で測る

　式（7.1）のアウトプットには付加価値を使います。したがって，労働生産性，設備生産性，資本生産性の定義式は以下のようになります。

$$\text{労働生産性} = \frac{\text{付加価値}}{\text{従業員数}} \tag{7.2}$$

$$\text{設備生産性} = \frac{\text{付加価値}}{\text{有形固定資産額}} \tag{7.3}$$

$$\text{資本生産性} = \frac{\text{付加価値}}{\text{総資本}} \tag{7.4}$$

　付加価値という言葉もよく使われる言葉ですが，具体的に何なのかと言われるとなかなか難しいのではないでしょうか。

　概念的には，文字通り「新たに付加された価値」ということです。つまり，**企業が新たに生み出した価値**ということです。

　ポイントは「新たに生み出した」というところです。

たとえば，パソコンを作る製造業は，部品の単純合計額よりも高い価格でパソコンを売り，そして買ってもらえます。それは，企業が単なる部品の集合体をパソコンという製品にすることによって，ドキュメントを作成したりインターネットができるなどの新たな機能を価値として付加しているからです。

また，コンビニエンスストアなどの小売業は，製造業のように仕入れたものを加工したりすることはなく，それをそのまま売っています。それにもかかわらず，仕入原価よりも高く売り，消費者もその価格を容認しています。それは，小売業が付加した価値を認めているからです。その価値とは，商品に対するアクセスビリティです。もし，フランス産のミネラルウォーターが欲しいときに小売業がなかったら，みんなフランスに行かなければなりません。

このような価値が企業によって付加されているから，顧客はそれに対して対価を支払うわけです。

これらの例から分かるように，付加価値は売上総利益（粗利）に近い概念といえます。

2 付加価値の計算

付加価値を具体的に計算するのは難しい

付加価値の具体的な計算方法には，控除法（減算法）と集計法（加算法）の2つのアプローチがあります。ただ，それぞれのアプローチに複数の計算式があり，統一もされていないため，実際に計算するのは容易ではありません。

現状では，経済産業省，中小企業庁，財務省，日銀などが，マクロレベルの統計調査をするときなどに，それぞれ独自の考え方に基づき異なる計算式を用いて計算しているのが実情です。

　以下では，控除法と集計法の考え方と主な式を紹介します。

　なお，理論的には2つの方法に基づく計算結果は一致するはずですが，計算式から分かるように，必ずしも一致するとは限りません。

控除法による付加価値の計算

　控除法は，総生産高から前給付費用を控除することによって，以下のように付加価値を計算する方法です。これは，「新たに付加された価値」という定義通りの計算式です（図表7-1）。

$$付加価値 ＝ 総生産高－前給付費用 \qquad (7.5)$$

　総生産高と前給付費用については，たとえば以下のような考え方があります。

① 工業統計（経済産業省）

　　総生産高＝売上高＋製品・仕掛品の増加

　　前給付費用＝原材料使用額等＋消費税を除く内国消費税額

　　　　　　　　＋減価償却費

図表7-1　控除法のイメージ

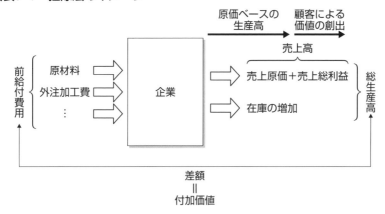

② 日本生産性本部

　総生産高＝売上高＋製品・仕掛品の増加

　前給付費用＝原材料費＋支払経費＋減価償却費＋付加価値調整額

集計法による付加価値の計算

　集計法とは，付加価値の分配面に注目し，それらを集計して計算する方法です。付加価値は，それを生み出す経営資源の提供者に分配されますから，それを集計すれば付加価値の総額になるという考えです。

　具体的には，ヒトという経営資源の提供者に対しては人件費として分配され，モノという経営資源の提供者に対しては賃料や減価償却費として分配され，カネという経営資源の提供者に対しては金融費用と当期純利益として分配されます（図表7-2）。

　カネの提供者の1人である株主に対する分配には当期純利益を用いるの

図表7-2　集計法は分配面から計算する

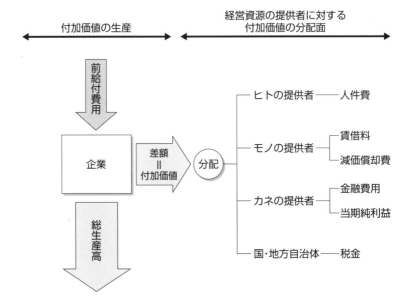

が理論的ですが，実際には経常利益や営業利益などが使われることもあり，計算式は正にさまざまです。

具体的な計算方法には，たとえば以下のようなものがあります。

(1)　日銀方式

付加価値＝経常利益＋人経費＋金融費用＋賃借料＋租税公課＋減価償却費

(2)　『法人企業統計年報』（財務省）

付加価値＝営業利益＋役員報酬＋従業員給料手当＋福利費
　　　　　＋動産・不動産賃借料＋支払利息・割引料＋租税公課

(3)　『わが国企業の経営分析』（経済産業省）

付加価値＝当期純利益＋実質金融費用＋人件費＋租税公課＋減価償却費

(4)　中小企業庁

付加価値額＝営業純益＋役員給与＋従業員給与＋福利厚生費
　　　　　　＋支払利息・割引料＋動産・不動産賃借料＋租税公課

(5)　『日経経営指標』

付加価値＝営業利益＋人件費＋賃借料＋租税公課＋支払特許料
　　　　　＋減価償却実施額

3　生産性の分解

生産性分析の全体像

生産性の指標も分解することができます。生産性指標の分解については，労働生産性，設備生産性，資本生産性という3つの生産性指標を統合的に捉えると分かりやすいと思います。その全体像が図表7-3です。

図表7-3 生産性分析の全体像

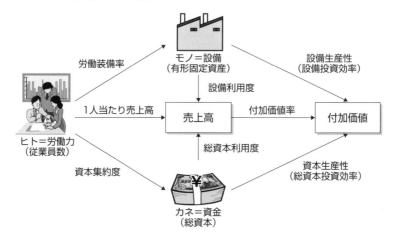

　この図を参照しながら，以下，労働生産性，設備生産性，資本生産性のそれぞれについて，どのように分解できるかを見ていきましょう。

労働生産性の分解

　図表7-3において，労働生産性は以下の3ルートの分解が可能です。

(1)　ヒト→売上高→付加価値

　売上高を媒介として分解すると，以下のように1人当たり売上高と付加価値率に分解できます。

$$
労働生産性 = \frac{付加価値}{従業員数}
$$

$$
= \underbrace{\frac{売上高}{従業員数}}_{1人当たり売上高} \times \underbrace{\frac{付加価値}{売上高}}_{付加価値率} \tag{7.6}
$$

174

(2)　ヒト→モノ→付加価値

　モノ（有形固定資産）を媒介として分解すると，以下のように労働装備率と設備生産性（設備投資効率ともいう）に分解できます。

$$
\begin{aligned}
労働生産性 &= \frac{付加価値}{従業員数} \\
&= \underbrace{\frac{有形固定資産}{従業員数}}_{労働装備率} \times \underbrace{\frac{付加価値}{有形固定資産}}_{\substack{設備生産性 \\ （設備投資効率）}}
\end{aligned}
\tag{7.7}
$$

(3)　ヒト→カネ→付加価値

　カネ（総資本）を媒介として分解すると，以下のように資本集約度と資本生産性（総資本投資効率ともいう）に分解できます。

$$
\begin{aligned}
労働生産性 &= \frac{付加価値}{従業員数} \\
&= \underbrace{\frac{総資本}{従業員数}}_{資本集約度} \times \underbrace{\frac{付加価値}{総資本}}_{\substack{資本生産性 \\ （総資本投資効率）}}
\end{aligned}
\tag{7.8}
$$

設備生産性の分解

　設備生産性は，売上高を媒介として以下のように設備利用度と付加価値率に分解できます。

$$設備生産性 = \frac{付加価値}{有形固定資産}$$

$$= \underbrace{\frac{売上高}{有形固定資産}}_{設備利用度} \times \underbrace{\frac{付加価値}{売上高}}_{付加価値率} \qquad (7.9)$$

これを用いれば，式（7.7）の労働生産性は以下のようにさらに分解することも可能です。

$$労働生産性 = \underbrace{\frac{有形固定資産}{従業員数}}_{労働装備率} \times \underbrace{\frac{売上高}{有形固定資産}}_{設備利用度} \times \underbrace{\frac{付加価値}{売上高}}_{付加価値率} \quad (7.10)$$

資本生産性の分解

資本生産性は，売上高を媒介として以下のように総資本利用度（＝総資本回転率）と付加価値率に分解できます。

$$資本生産性 = \frac{付加価値}{総資本}$$

$$= \underbrace{\frac{売上高}{総資本}}_{\substack{総資本利用度\\(総資本回転率)}} \times \underbrace{\frac{付加価値}{売上高}}_{付加価値率} \qquad (7.11)$$

これを用いれば，式（7.8）の労働生産性は以下のようにさらに分解することも可能です。

$$労働生産性 = \underbrace{\frac{総資本}{従業員数}}_{資本集約度} \times \underbrace{\frac{売上高}{総資本}}_{\substack{総資本利用度\\(総資本回転率)}} \times \underbrace{\frac{付加価値}{売上高}}_{付加価値率} \quad (7.12)$$

"働き方改革" で労働生産性は向上するか

　国を挙げて叫ばれるようになった「働き方改革」は，そのほとんどの議論が，残業時間削減に象徴される長時間労働の是正に集中しているようです。そして，長時間労働を是正すべき根拠としてよく使われるのが，日本の労働生産性の低さです。

　確かに日本の労働生産性の低さは惨憺たる状況です。2016年においてはOECD加盟国35ヵ国中21位という低さですし，先進7ヵ国（G7）の中では万年最下位です。先進国としては全く恥ずべき状況であるのは事実です。中でも，ホワイトカラーの生産性の低さが指摘されています。

　そこで長時間労働の是正ということになるわけですが，果たして長時間労働を是正したら労働生産性は上がるのでしょうか。

　結論から言うと，**長時間労働を是正しただけでは労働生産性は改善しません**。それどころか，むしろ悪化することさえあり得ます。

　労働生産性は式（7.2）の通り，1人当たりの付加価値として定義されます。付加価値は既に述べた通り，「企業が新たに付加した価値」です。それは会計的には売上総利益に似た概念です。

　ここで重要なのが，労働生産性の定義式の中に「時間」というファクターがないことです。したがって，労働時間を減らしただけでは，労働生産性の分子も分母も何も変わりません。

　もし，何かを「減らす」ことを考えるならば，分母の従業員数を減らさなければなりません。今までと同じ利益を今までより少ない人数で実現できて初めて労働生産性は改善されるのです。

　従業員数削減のためには総労働時間の短縮が必要で，そのための第一歩として長時間労働の是正が必要だというなら分かります。しかし，労働時間を短縮することによって従業員数を減らすことまで具体的に考えている企業は，少なくとも短期的には少ないと思います。長期的にはあり得ると思いますが，従業員数を減らすということは企業規模を縮小するというこ

とですから，単純な従業員数削減は企業全体の利益を減少させるという，望まない結果を招きます。

　従業員を減らさずに労働時間を短縮した場合は，それこそ利益は減少する可能性があります。今までよりも働かなくなるわけですから，たとえ残業代が減ったとしても，売上高も減少する可能性があるからです。また，超過労働時間に対して十分な残業代が支給されていなければ残業代もそれほど削減されませんから，売上高の減少の影響の方がさらに大きくなります。そうなれば，労働生産性は悪化してしまいます。

　因果関係を踏まえて**論理的に手段を考えないと，単なる自己満足の改善で終わってしまいます**。それどころか，裏目に出ることさえあり得るのです。

▍働き方改革とは付加価値活動時間の比率を高めること

　労働生産性を高めるために本当に必要なことは，**付加価値を生み出す“付加価値活動時間”の比率を高めること**です。そのためにまずやるべきことは，各人がどのような活動にどれだけの時間を費やしているかを明らかにすることです。

　ここでいう“付加価値活動”の定義は明確です。付加価値とは顧客にとっての価値ですから，中心となるのはその価値に対する対価である売上高です。したがって，**付加価値活動時間とは直接的・間接的に売上高に貢献する活動時間だけ**です。もしあなたが時間単位でクライアントと契約するコンサルタントだとすれば，クライアントに請求できる“**チャージャブル・タイム**”だと思えば分かりやすいでしょう。

　たとえば，営業という職種において最も付加価値がある活動は，何と言ってもお客様と会っている時間でしょう。では，お客様と会っている時間比率はどれくらいでしょうか。筆者が複数の企業の調査をした経験から言うと，多くの場合20％台止まりです。それ以外は，会議，移動，そして社内の雑務に多くの時間が取られています。それで，「時間が足りない」「猫

の手も借りたい」と言っているのです。

　残念ながら，会議，移動，雑務に費やした時間のほとんどはクライアントにチャージできません。

　付加価値活動時間の比率は簡単に測定することができます。1〜2週間，各人が何にどれだけ時間を使ったかを記録してもらえばいいのです。

　ほとんどの場合，クライアントに請求できないことばかりに多くの時間を使っていることが分かるはずです。そのような"非付加価値活動時間"だけを削減するのです。

　そのためには，仕事の進め方を根本から見直し，改革することが不可欠になるはずです。それは，何が付加価値活動で何が非付加価値活動かを明確に峻別し，非付加価値活動を徹底的に削減し，削減した分を付加価値活動にシフトするということです。**結果として，総労働時間も短縮され，残業も削減される**のです。それが本当の「働き方改革」です。

4 付加価値の行き先

┃付加価値は経営資源の提供者に分配される

　付加価値は，最終的には経営資源の提供者に分配されます。

　ヒト・モノ・カネなどの経営資源が企業に提供され，その見返りとして付加価値が分配されるのです。そうやって経済全体が回っているわけです。

　具体的には，ヒトに対しては人件費という形で還元されます。モノについては，オフィスなどを賃貸する実物資本家に対しては賃借料，購入した設備等の資産に対しては減価償却費という形で還元されます。カネについては，銀行などの負債性金融資産の提供者には支払利息などの金融費用，資本性金融資産の提供者である株主には当期純利益という形で還元されます。また，税金は国や地方自治体に対する還元です（図表7-4）。

　付加価値がヒトに分配される比率を**労働分配率**，モノおよびカネに分配

図表7-4　付加価値の分配

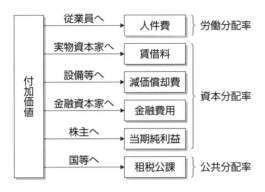

される比率を**資本分配率**，そして国・地方自治体へ分配される比率を**公共分配率**といいます。

　定義式は以下の通りです。

$$労働分配率 = \frac{人件費}{付加価値} \times 100\,(\%) \tag{7.13}$$

$$資本分配率 = \frac{賃借料＋減価償却費＋金融費用＋当期純利益}{付加価値} \times 100\,(\%) \tag{7.14}$$

$$公共分配率 = \frac{租税公課}{付加価値} \times 100\,(\%) \tag{7.15}$$

　一般に，労働集約性が高いサービス業などの業種では労働分配率が高くなり，資本集約性が高い装置産業や設備産業のような企業では資本分配率が高くなります。また，税金負担が大きい国や地域では公共分配率が高くなります。

人件費と生産性の関係

　働く者としては，なるべく労働分配率を上げてほしいと思うでしょう。

一方，経営者の立場からすれば，安易に労働分配率を上げることはできません。ただ単に給料を上げただけでは，コストが増えて利益が減ってしまうからです。

このように，労働分配率は雇用者と被雇用者で利害が対立しますから，労使交渉などでも議論になるわけです。

ここでは，平均給与，すなわち1人当たりの給料はどうやったら上がるかということを考えてみましょう。

1人当たりの給料は企業側から見たら1人当たり人件費です。1人当たり人件費は以下のように分解できます。

$$1人当たり人件費 = \underbrace{\frac{人件費}{従業員数}}{} = \underbrace{\frac{人件費}{付加価値}}_{労働分配率} \times \underbrace{\frac{付加価値}{従業員数}}_{労働生産性} \tag{7.16}$$

このように，1人当たり人件費は，労働分配率と労働生産性に分解できます。

働く側が望むことは労働分配率を上げることでした。しかし，ヒト以外の経営資源にも付加価値を分配しなければなりませんから，労働分配率を上げるのにも限りがあります。

そこで，もう1つの要素に注目しましょう。それは労働生産性です。労働分配率を上げられなくても労働生産性を上げることができれば，1人当たり人件費，すなわち平均給与は上昇します。

労働分配率を上げろという議論は，付加価値という限りある資源を巡っての椅子取りゲームの議論です。確かに主張すべき権利は主張すべきですが，権利ばかりを主張するというのは建設的ではありません。

給料を上げたいのであれば，もう1つの要素である労働生産性を上げる

ことを考えた方が建設的です。そもそも，高い給料を求めるだけの価値（＝利益）を生んでいるのかということも考えてみるべきです。単に「会社にいる」というだけでは，給料をもらう理由にはなりません。

ただ，「給料を上げるためには労働生産性を高めるべき」という主張が成り立つためには，付加価値を生む従業員に対しては，それに見合った報酬をちゃんと支払うという姿勢が企業側にあることが大前提です。日本の場合，多くの企業でこの前提が成り立っていないことこそが一番の問題かもしれません。

5 ポスト資本主義と労働生産性

┃ ポスト資本主義に重要な経営資源は知識

ドラッカーは『ポスト資本主義社会』（1993年）という著書の中で，従来の資本主義の後にやってくる社会を「ポスト資本主義社会」と呼んでいます。

同書では，従来の資本主義社会において重要とされていた経営資源は資本と労働力であるが，**ポスト資本主義社会において最も重要な経営資源は知識**であるということが言われています。

確かに，古典的な経済学では，経営資源として資本と労働力を前提としています。財務分析においても，ここまで見てきたように，経営資源として想定しているのは資本（カネ・モノ）と労働力（ヒト）です。

この考え方は旧来の製造業には当てはまるでしょう。カネがあれば工場と設備というモノを手に入れられ，単純労働を担うヒトも手に入ります。それらがあれば，製品を作り，新たな富を生み出すことができます。

しかし，少なくとも先進国においては，誰かが考えたものをただ作るだけの役割を担うだけでは企業として十分ではありません。何かを考え出す側に回らなければ衰退の一途をたどるだけです。

　そこで必要なのはカネではありません。カネがいくらあっても，何かを考え出すことはできないからです。必要なのは知識です。知識が新たなカネを生み出すのです。

　これが，ドラッカーの言う「ポスト資本主義」です。

ポスト資本主義社会では労働生産性が最も重要

　ポスト資本主義社会においては知識が最も重要な経営資源ですが，その経営資源を提供できるのは従業員です。ポスト資本主義社会においては，**従業員が最も重要な経営資源の提供者**なのです。

　従来の資本主義においてはそうではありませんでした。従来の資本主義において，最も重要な経営資源はカネです。カネがあればモノも単純労働を担うヒトも手に入れることができます。資本主義社会においては，「カネが新たなカネを生む」のです。

　ROAは，「カネが新たなカネを生む」という従来型の資本主義の考え方をそのまま具現化した指標とも言えます。ROAは「カネ（総資本）がどれだけ利益を生み出しているか」を測る指標だからです。

　そのカネを提供できるのは株主です。そのため，資本主義社会においては，株主が最も重要なステークホルダーとされていたのです。

　ところが，株主は，カネは提供できても知識は提供できません。特許権やその他の知的財産のようにカネで買える知識も確かにあります。しかし，ノウハウや暗黙知のような知識はいくらカネがあっても買えません。それらを提供できるのは従業員しかいないのです。

　そう考えると，**ポスト資本主義社会において最も重要なステークホルダーは従業員**ということになります。「最も重要なステークホルダーは株主」という考え方が，既に時代に合っていないのかもしれません。

　ただし，すべての従業員が無条件に重要なステークホルダーと言えるわけではありません。**重要なステークホルダーと言えるのは，あくまでも知識を提供できる従業員**です。

新たな富を生み出すのは知識であり，それを提供できるのは従業員ですから，ROAの分母を総資本ではなく従業員に変えてみましょう。それをROAの分解と同じように分解すると，図表7-5のようになります。なお，いろいろなROAがありますから，分子はあえて抽象的に「利益」としてあります。

　このように考えると，ポスト資本主義においては，ROAではなく1人当たり利益を重視し，総資本回転率（≒資本生産性）ではなく1人当たり売上高（≒労働生産性）を重視すべきと言えます。

　ROAの類推から捉える労働生産性では，売上高をアウトプットと考えています。労働生産性に限らず，売上高をアウトプットにしても有意義な生産性指標になります。

図表7-5　ポスト資本主義において重視すべきもの

資本主義	ポスト資本主義
重要な指標はROA, 総資本回転率	重要な指標は1人当たり利益, 売上高(生産性)

$$ROA = \frac{\text{利益}}{\text{総資本}}$$

$$= \frac{\text{利益}}{\text{売上高}} \times \underbrace{\frac{\text{売上高}}{\text{総資本}}}_{\substack{\text{総資本回転率} \\ (\fallingdotseq\text{資本生産性})}}$$

$$\text{1人当たり利益} = \frac{\text{利益}}{\text{従業員数}}$$

$$= \frac{\text{利益}}{\text{売上高}} \times \underbrace{\frac{\text{売上高}}{\text{従業員数}}}_{\substack{\text{1人当たり売上高} \\ (\fallingdotseq\text{労働生産性})}}$$

「総資本(カネ)が売上を生み,売上が利益を生む」　　「ヒト(知識)が売上を生み,売上が利益を生む」

ケース
スタディ 15 通信事業会社の生産性

　図表7-6は，イー・アクセスがまだソフトバンクに買収される前の，通信事業会社4社を連結ベースで比較したものです。

　同図(a)の売上規模を見ると，NTTが断トツの規模を誇っていることが分かります。NTTは，売上高ランキングで毎年トヨタ自動車と1〜2位を争う国内トップレベルの規模を誇る会社です。規模的には世界でもトップクラスの通信業界の巨人です。

　それと比べると，イー・アクセスの売上高は横軸と一体化してしまうくらいの規模です。

　ところが，生産性では状況が一変します。ここでは，1人当たり売上高と有

図表7-6　通信事業会社の生産性

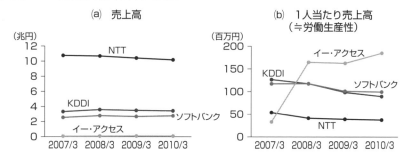

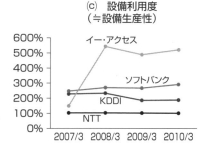

形固定資産当たり売上高（＝設備利用度）を見ています。これらは，労働生産性と設備生産性における分子の付加価値を売上高で代用したものと見ることができます。

　図表7-6(b)は1人当たり売上高です。売上高では断トツ1位だったNTTは断トツの最下位となり，売上高という絶対的な規模では全く存在感のなかったイー・アクセスが断トツの1位です。

　1人当たり売上高が小さいということは，同じ売上高を上げるのにより多くの従業員を必要としているか，売上高に貢献していない従業員が多く存在するかのいずれかです。

　図表7-6(c)の設備利用度は設備生産性に関する指標です。装置産業としての性格を有する通信事業会社にとっては，これも重要な生産性指標です。これも1位はイー・アクセスで，最下位はNTTです。

　設備利用度が小さいということは，同じ売上高を上げるのにより多くの設備を必要としているか，売上高に貢献しない設備を多数保有しているかのいずれかです。

　ここで1つ考慮に入れておかなければならないのは，NTTは完全民営化された企業とはいえ，依然として公共性が高いということです。公共性が高い企業は，売上につながるかどうかはさておき，やらなければならないことはやらなければならないし，持たなければならないものは持たなければならない企業です。そのような企業では，どうしても労働生産性や設備生産性は低くなります。

　ですから，図表7-6の結果だけをもって「NTTは経営資源を有効に活用できていない」とするのは少々乱暴でしょう。

　ただ，ヒトやモノが売上高に結び付いていない，言葉を換えれば，売上に貢献しないヒトやモノが多く存在しているということは，客観的な事実ではあります。

ケーススタディ **16** 人数と労働生産性の関係

労働生産性は人数に反比例

　図表7-7は，自動車メーカと銀行における人数と，１人当たり売上高との関係です。いずれも，人数の増加に伴い１人当たり売上高は小さくなる傾向が見られます。**労働生産性は人数に反比例する**ということです。この傾向は多くの業種で見られます。図表7-6の通信事業会社もそうなっています。

　実は，このような傾向があるのではないかという仮説は，第３章ケーススタディ４の図表3-17，図表3-18で述べた，総資本回転率は総資本に反比例する傾向が見られることから思い付いた仮説です。労働生産性を図表7-5のようにROAとの対比で捉えると，１人当たり売上高は総資本回転率に対応します。したがって，１人当たり売上高も総資本回転率と同じ傾向を示すのではないかと考えたのです。

図表7-7　人数と労働生産性の関係（2016年度）

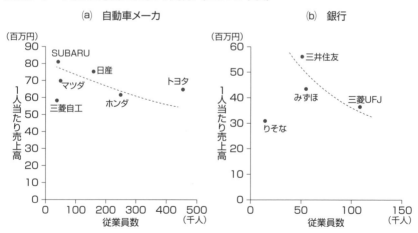

総資本回転率がそうであったように，労働生産性が人数に反比例することも理論的には説明できません。しかし，これも総資本回転率がそうであったように，直感的には納得のできることだと思います。

　人数が多くなると，いわゆる"ぶらさがり社員"のような，必ずしも売上高に貢献しない人が増えるということです。また，人が増えるということは組織が大きくなるということです。組織が大きくなると無駄や冗長性が増しますから，1人当たり売上高は下がります。組織が大きくなれば間接部門も肥大化していきます。間接部門は売上高を生みませんから，それも1人当たり売上高を下げる要因になります。

　これもまた「**大企業病**」というのでしょう。

豪華客船と手漕ぎボート

　大企業は豪華客船に似ています。波風がほとんどない穏やかなときには，こんなに乗り心地のいい楽な船はありません。ちょっとやそっとの悪天候では，揺れることもありません。

　ただ，船内では皆仕事をしていると言いながら，実はバーで飲んだりホールで踊ったりしています。皆が皆，「きっと誰かがちゃんと操縦しているから大丈夫」と思っています。皆が「誰かが操縦してくれている」と思っていますから，実際に操縦室を覗いたら誰もいないかもしれません。それでもゆっくりと淡々と航海を続けていくのが豪華客船です。

　ところが嵐になって突然目の前に障害物が現れても，皆「操縦するのは自分じゃない」と思っていますから，どう対応していいか分かりません。下手をすると，巨大な豪華客船はその向きをなかなか変えることができず，障害物に衝突してしまうかもしれません。

　一方，小さな企業は手漕ぎボートのようなものです。ちょっとした波風でもすぐに揺れてひっくり返りそうになります。しかし，全員がオールを手にして，常に周囲の状況に気を配っていますから，障害物が現れてもすぐに発見できます。また，小さくて身軽ですから，すぐに向きを変えることもできます。

　大企業が必ずしもいいとは限らないのが今の時代です。むしろ弱みになることさえあります。逆に，小さな企業でも大企業に勝つチャンスはいくらでもあるということです。

　この仮説が正しいとすると，小さな企業は1人当たり売上高が大きくないと競争力に欠けるということになります。そういう観点であらためて図表7-7を見ると，自動車メーカの中では三菱自工，銀行の中ではりそな銀行が問題ということになります。

　これはあくまでも仮説に基づく見方ですので，本当に正しいかどうかは分かりません。ここで分かってほしいことは，仮説を立てることによって，このような見方もできるようになるということです。

6 生産性指標のもう1つの意味

組織に帰属する経済的意義

　1人当たり売上高は，その組織に帰属する**経済的意義**と解釈することができます。具体例を使って説明しましょう。

　Aさんが1人で仕事をしたら，1年間で1,000万円稼げるとします。

　一方，従業員100人，売上高10億円の会社Xがあるとします。この会社の1人当たり売上高は1,000万円です。

　この場合，AさんがX社で働く経済的意義は全くありません。1人でやっても100人でやっても，1人の生み出す売上高が全く変わらないからです。生み出される富が全く変わらないならば，毎日満員電車に揺られ，人間関係やストレスに悩まされながら，わざわざ多くの人が集まって仕事をする必要は全くありません。

　人が集団化しても，売上高が1人で生み出す売上高の単純合算にしかなっていないとしたら，それは集団化に伴う経済的シナジーが何も生まれていないことを意味します。それでは集団化して組織として仕事をする経済

的意義はありません。1＋1が2ではなく3にも4にもならなければ，集団化する経済的意義はないのです。

集団化する経済的意義があると言えるためには，1人当たり売上高が，「さすがにその金額を1人で稼ぎ出すのは無理だ」と思える金額になっていなければなりません。

このような意味で，1人当たり売上高は，「**組織化に伴う経済的シナジーの程度**」という意味になります。同時に，働く者の側からすれば，「**その組織に帰属する経済的意義**」という意味にもなります。これが小さかったら，その組織で働く経済的意味はないということです。

それがいくらなのかということは一概には言えませんが，1つの目安は5,000万円ではないかというのが個人的な感覚です。少なくとも，2,000万円以上は欲しいところです。1,000万円台なら，1人で仕事をして稼ぐ金額として，それほど非現実的ではなくなってきます。

▌年収上昇余力

次に，1人当たり税引前当期純利益を考えてみましょう。これは，**その企業における年収上昇余力**と解釈することができます。

これも具体例で考えてみましょう。

仮に，1人当たり税引前当期純利益が20万円だとします。このとき，従業員全員に20万円のパソコンを新たに支給したらどうなるでしょうか。1人当たり20万円ずつの追加コストが発生しますから，1人当たり税引前当期純利益はゼロになります。ということは，会社の税引前当期純利益がゼロになります。

つまり，1人当たり税引前当期純利益は，従業員1人当たりにかけられる追加コストの上限と解釈することができます。

1人に対して増加させられる人件費は，当然，その金額以下です。人件費は働く者の側から見たら年収です。したがって，1人当たり税引前当期純利益は，1人当たりあとどれくらい年収を増やせられるかという，年収

上昇余力と見ることができるわけです。

　ただし，売上高と違って，利益は年による変動が比較的大きいので，単年度だけで判断してもあまり意味はありません。

働く者の幸せ指標

　一般的に，財務分析の指標のほとんどは企業が主役であり，企業側からの視点で見ています。実際，収益性にしても安全性にしても，いずれも企業にとっていいか悪いかということが問題になっています。

　しかし，1人当たり売上高や1人当たり税引前当期純利益は違います。これらは，「その会社に帰属する経済的意義」や「平均年収上昇余力」という見方ができますから，働く者の視点で見た指標にもなっています。

　これらは，いわば“働く者の幸せ指標”と言えます。働く者個人が組織との関わりを考える上で参考になる指標です。

　しかし同時に，“働く者の幸せ指標”という見方は企業にとっても重要です。なぜならば，業績がいい会社の多くは，そこで働いている人たちが活き活きとしているからです。働く個人を大切にする会社は，結果的に会社の業績も良いのです。

　個人の経済的犠牲の上に成り立っている会社の利益は長続きしません。それはポスト資本主義においてはなおさらです。

ケーススタディ17　1人当たり売上高と1人当たり税引前当期純利益

　図表7-8は，いくつかの企業の1人当たり売上高と1人当たり税引前当期純利益です。横軸の5,000万円と縦軸の500万円のところに線を入れてありますが，これはあくまでも目安です。

　従業員数には有価証券報告書に記載の臨時雇用人員を含めています。その理由は，この「臨時雇用人員」の定義は明確でなく，企業の判断に任されている

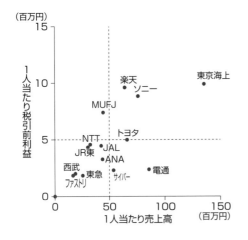

図表7-8　1人当たりの売上高と税引前利益（2018年度，連結）

（百万円）

ファストリ＝ファーストリテイリング
MUFJ＝三菱UFJフィナンシャル・グループ
JR東＝東日本旅客鉄道
西武＝西武ホールディングス
NTT＝日本電信電話
電通＝電通グループ
サイバー＝サイバーエージェント
JAL＝日本航空
ANA＝ANAホールディングス
東京海上＝東京海上日動火災保険

からです。臨時雇用人員の定義がまちまちならば，雇用形態に関わらず全従業員数を使うしかありません。

　ただ，それによって実態が見えづらくなっている部分もあります。それが最も顕著なのはファーストリテイリングです。

　同社は，全従業員約13万7,000人のうち，約60％に相当する8万人超が臨時雇用人員です。それは，ファーストリテイリングのビジネスモデルを考えれば理解できるでしょう。

　同社の1人当たり売上高が1,600万円程度という低い水準になっているのは，臨時雇用人員を含めているからだと思われます。もし，臨時雇用人員を含めなければ，1人当たり売上高は4,000万円程度になります。

　ただし，雇用形態に関わらず，それだけ多くの人を要しているのは事実です。また，臨時雇用人員を含めない場合の1人当たり売上高4,000万円も，決して高い数字ではありません。

　図表7-8の中で1人当たり売上高が断トツに高いのは東京海上日動火災保険です。これは金融業ならではといえます。金融業は，集めた資金の運用で稼ぐビジネスです。お金が自らお金を稼いでくれるわけですから，本来，人をそれほ

ど必要としないわけです。

　そういう観点で見ると，三菱UFJフィナンシャル・グループは対照的です。同じ金融業でありながら，1人当たり売上高が5,000万円を切っています。簡単に言ってしまうと，売上高に貢献していない人が多いということです。2017年に，メガバンクがこぞって大幅な人員削減策を打ち出したのもうなずけます。

　実は，メガバンクの1人当たり売上高が高くないのは10年以上前から見られたことです（図表7-9）。売上高に貢献しない人が多いということを，10年以上前からデータは示していたのです。

図表7-9　メガバンクの1人当たり売上高

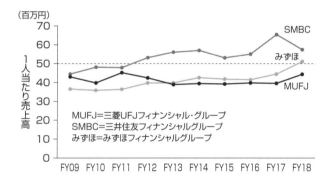

第8章

株主関連指標

1 株主にとっての経済的リターンとは

　本章では，株主に対する経済的リターンの程度を測る株主関連指標を説明します。また，それと密接に関係する指標である成長性についても説明します。

　株主に対する経済的リターンには2つあります。

　1つ目は配当です。株主は，保有株式数に応じて投資先企業が獲得した利益の分配を得る権利を有しています。この利益の分配が配当です。利益の分配であることから，インカム・ゲインといえます。

　もう1つの経済的リターンは株価上昇益です。株価の上昇分は，誰かに売れば売却益として顕在化しますが，株価が上がっただけではまだ実現していない含み益です。ここでは両者をまとめて株価上昇益ということにします。

　株価上昇益は，株式の資産価値自体の上昇に伴うものなので，キャピタル・ゲインといえます。

コラム2　インカム・ゲインとキャピタル・ゲイン

　インカム・ゲインとキャピタル・ゲインという言葉は株式投資に限ったものではありません。

　たとえば，預金や債券等の利息，投資信託の収益分配金などもインカム・ゲインです。

　また，元本相当額の上昇に伴うものは，一般にキャピタル・ゲインといいます。たとえば，市場で流通する社債は債券額が変動しますから，その変動に伴う益はキャピタル・ゲインです。

　配当と株価上昇益は，それぞれインカム・ゲインとキャピタル・ゲインの一種ということです。

株主関連指標も大きく分けて２種類

株主に対する経済的リターンにはインカム・ゲインとキャピタル・ゲインの２種類がありますから，株主関連指標もこれらに対応する形で２種類に分けられます。

全体をまとめると図表8-1のようになります。以下，順を追って説明していきましょう。

図表8-1　株主関連指標の全体像

分類	指標	計算式
配当 （インカム・ゲイン） に関する指標	１株当たり配当額	$\dfrac{\text{年間配当額}}{\text{発行済株式数}}$（円）
	配　当　性　向	$\dfrac{\text{年間配当額}}{\text{当期純利益}} \times 100$（%）
	株主資本配当率	$\dfrac{\text{年間配当額}}{\text{純資産}} \times 100$（%）
	配　当　利　回　り	$\dfrac{\text{１株当たり配当額}}{\text{株価}} \times 100$（%）
株価 （キャピタル・ゲイン） に関する指標	株価純資産倍率 （PBR）*1	$\dfrac{\text{株価}}{\text{１株当たり配当額}}$（倍）
	株　価　収　益　率 （PER）*2	$\dfrac{\text{株価}}{\text{１株当たり当期純利益}}$（倍）

*1）PBR = Price Book-Value Ratio
*2）PER = Price Earnings Ratio

2 インカム・ゲインに関する指標

かつては重視された1株当たり配当額

1株当たり配当額は発行済株式数当たりの配当額です。以下のように計算します。

$$1株当たり配当額 ＝ \frac{年間配当額}{発行済株式数}（円） \qquad (8.1)$$

1株当たり配当額は，かつての日本においては，配当水準を測る指標として長らく最も重視されていた指標です。その背景にあったのは，安定配当政策という慣行です。

配当とは利益の分配ですから，本来は利益の多寡に応じて配当額も増減して然るべきです。ところが日本では，利益の多寡に関わらず一定額の配当をするという配当方針が長らくとられていたのです。これを安定配当政策といいます。

安定配当政策の下では，必然的に1株当たり配当額が最も重視されることになります。

ところが，物言う株主が増えてくると，安定配当政策は株主に受け入れられなくなってきます。なぜならば，安定配当政策だとどうしても配当額が低めに抑えられるからです。考えてみれば当然です。利益の多寡に関わらず一定の配当額を支払うためには，利益が少ないときでも配当できる金額に設定することになるからです。

言い換えれば，安定配当政策が受け入れられたのは，かつての株主が物言わぬおとなしい株主だったからともいえます。

重要性の高まる配当性向

"物言う株主"の増加に伴って重要性が増してきたのが，以下の配当性向です。

$$配当性向 ＝ \frac{年間配当額}{当期純利益} ×100（％） \tag{8.2}$$

配当性向は，配当原資の主要部分である当期純利益のうちどれだけ配当に回したかの比率です。

配当性向を一定にするという配当政策を取れば，利益の多寡に応じて自動的に配当額も増減します。業績が良く多くの利益が出れば，株主は多くの配当が得られ，赤字になれば必然的に無配になります。

この方法は，成功報酬という配当本来の性質をよく反映しているという点で合理的な方法と言えます。

最近では，配当性向を拠りどころとして配当額を決めるという配当政策を取る企業が増えてきています。

日本の配当性向の平均は30％程度です。

株主資本配当率

配当性向と似た指標に，以下の株主資本配当率があります。

$$株主資本配当率 ＝ \frac{年間配当額}{純資産} ×100（％） \tag{8.3}$$

配当性向は単年度の利益に占める配当額の割合ですが，**株主資本配当率は純資産に対する配当額の割合**です。

配当は単年度の利益だけを原資にするわけではなく，過年度利益の留保

分も含めたものが原資になります。さらに，現行法では資本剰余金の一部も配当の原資にできます。

「配当は利益の分配」という言い方がよくされますが，その利益には過年度の留保分が含まれ，さらに資本剰余金の一部まで配当の原資にできるとなると，「配当は純資産の分配」という方が，現行法の実態に合っているともいえます。そういう意味では，株主資本配当率は1つの合理的な指標といえます。

株主から見れば，株主資本配当率は株主の投下資本に対して，配当という形でどれだけリターンがあるかを測る指標となっています。それは，以下のように，配当性向とROEに分解してみるとよく分かります。

$$
\begin{aligned}
株主資本配当率 &= \frac{年間配当額}{純資産} \\
&= \frac{年間配当額}{当期純利益} \times \frac{当期純利益}{純資産} \\
&= 配当性向 \times ROE
\end{aligned}
\tag{8.4}
$$

この式を後ろから読めば，「株主の投下資本に対してどれだけの利益が生まれ，その利益からどれだけ配当されるか」ということになります。正に，「株主の投下資本に対して，配当という形でどれだけリターンがあるかを測る指標」になっているわけです。

金利に相当する配当利回り

配当利回りは以下の式で計算します。

$$
配当利回り = \frac{年間配当額}{株価} \times 100 (\%)
\tag{8.5}
$$

分母の株価には計算時点での株価を使います。**配当利回りは，現時点で**

の投資額に対するインカム・ゲインの割合を表しています。

　配当利回りは，預金や社債の金利に相当する指標です。異なる金融商品のインカム・ゲインを比較する場合などに参考になる指標です。

　なお，単に「利回り」といった場合は，インカム・ゲインとキャピタル・ゲインの両方を含みます。具体的には以下のように計算します。

$$利回り = \frac{インカム・ゲイン＋キャピタル・ゲイン}{取得時の株価} \times 100$$
$$= \frac{年間配当額＋（現在の株価－取得時の株価）}{取得時の株価} \times 100（\%）$$

(8.6)

　たとえば，100円で取得した株が1年後に120円になったとします。また，配当として10円が支払われたとします。このときの利回りは以下のようになります。

$$利回り = \frac{10＋（120－100）}{100} \times 100 = 30\%$$

　一方，配当利回りは以下のようになります。

$$配当利回り = \frac{10}{100} \times 100 = 10\%$$

「配当利回り」とは「配当だけの利回り」ということです。

ケース スタディ 18 日米欧の配当性向

図表8-2は日米欧の配当性向です。

すぐに気付く特徴は，配当性向の平均が米国，欧州とも日本よりも高いことです。その事実だけで言えば，欧米は日本よりも株主に対して積極的に配当を行うと言いたくなりますが，それは必ずしも正しくありません。

確かに，平均が日本よりも高いのは事実ですが，それ以外にも重要な差異があります。それは，ばらつきについても欧米は日本よりも大きいことです。欧米に比べると，日本は平均に集中しています。

図表8-2　日米欧の配当性向

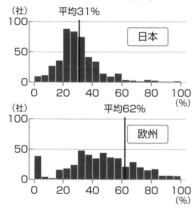

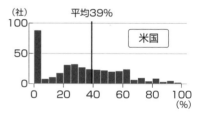

出所：日本経済新聞2017年12月8日朝刊
注：対象企業は日本はTOPIX500，米国は
　　S&P500，欧州はストックス600採用企
　　業（いずれも2016年度）

このことからまず言えることは，日本企業の横並び体質です。日本企業は，「配当性向30%」と言われると，「じゃあ，ウチも配当性向30%を目安に配当しよう」という行動パターンになりがちです。

欧米のばらつきが大きいのは，各企業が方針として自分たちで考え独自に決めているということの表れでしょう。

欧米はばらつきが大きいだけではなく，一番左側に属す企業がそれなりの数

あるのも特徴的です。この中には無配の企業も相当数存在していると思われます。

　無配の企業が相当数存在することも，日本と欧米との対照的な違いです。

　日本には，「上場企業たるもの無配は恥」という考え方が根強いところがあります。しかし，欧米の企業はそのようには考えません。

　株主からの圧力が日本よりはるかに大きいといわれる欧米で，なぜ無配が株主から容認されるのでしょうか。

　その理由は，株主に対する経済的還元にはインカム・ゲインとキャピタル・ゲインの2つがあることを思い出せば理解できます。

　たとえば，ソニーの2019年3月期の年間配当額は1株につき35円です。1株ではその程度ですが，会社全体としては440億円にもなります。1株につき1年で35円もらっても株主としてはそれほどうれしくないかもしれませんが，会社としてはかなりのキャッシュ・アウトになるのです。

　そうであるならば，株主の立場としては，「配当はいいから，それを将来の成長投資に回して将来の株価で報いてくれ」という発想が出てくるわけです。

　この考え方は，特に成長が期待できる企業に対して成り立ちます。そのような企業は，将来の株価上昇がより期待できるからです。象徴的なのは米シリコンバレーの企業です。

　たとえば，マイクロソフトは1975年の創業以来，しばらくの間ずっと配当しませんでした。アップルも配当に対しては非常に消極的でした。

　マイクロソフトは2004年になって初めて配当をし始め，アップルもスティーブ・ジョブズが亡くなってから間もなく積極的な配当を発表したことがありました。これもまた象徴的です。現在の無配を我慢できるのは，将来の株価が期待できるからです。マイクロソフトやアップルが配当に転じたということは，これからはかつてのような高成長は期待できず，株価の上昇もあまり見込めなくなったということの表れだったのでしょう。

3 キャピタル・ゲインに関する指標

そもそも株価はなぜ変動するか

　キャピタル・ゲインは株価上昇益に関する指標です。それを理解するために，まず確認しておくべきことがあります。それは，株価はなぜ上昇するかということです。

　株価上昇のメカニズムを，簡単な例を使って見ていきましょう。

　今，10人の株主から１人１株10百万円で資金を調達して会社を設立したとします。資本金は100百万円です。この会社には他に借入金が100百万円あるとします（図表8-3）。

　この会社は１年間で20百万円の利益を出し，その全額を留保したとします。その結果，純資産は100百万円＋20百万円＝120百万円になります。

　さて，ここで株主の１人が，会社に対して株式を買い取ってほしいと言ってきました。会社からすれば，これは自己株式取得による払い戻しです。

　このとき，企業はいくらで買い戻すべきかというと，その時点の１株当たり純資産額で買い戻すというのが基本的なルールになります。

　この場合は，120百万円÷10株＝12円／株です。

図表8-3　株価変動のメカニズム

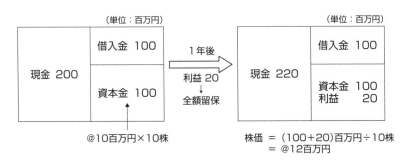

　これが，株価が上昇する最も基本的なメカニズムです。すなわち，**利益の内部留保が株価を上昇させる**のです。

　これは，会社が上場しているか否かに関係ありません。したがって，非上場企業も利益の留保によって株価は上昇するのです。実際，貸借対照表の純資産を発行済株式数で割った1株当たり簿価純資産額は，非上場企業の理論株価を算定する最も基本的な方法として実務上も用いられています。

　そして，これが「利益はすべて株主のもの」といわれる所以です。

　この例の場合，利益を全額配当するという選択肢もあり得ます。その利益を配当せずに留保した場合，それは短期的には翌年度以降の新たな事業資金ですが，最終的には株価という形で株主に還元されるものなのです。

　利益を配当するか留保するかの違いは，株主に対して即時還元するか，取っておいて後で還元するかの違いなのです。これが，「利益は株主のもの」の真意です。

　上記の例では，会社に対する自己株式取得の請求としましたが，一般的には株式は発行企業以外の第三者に譲渡するのが普通です。その場合であっても考え方は変わりません。第三者に譲渡するのは，最終的には企業に対する払い戻し請求権だからです。したがって，第三者に対する譲渡価額も，この時点の払い戻し請求額である12百万円というのが基本的な考え方です。

上場株式の株価はもっと高いのが普通

　前項の話は上場・非上場に関係ありませんでしたが，**ここからは上場企業の話**です。

　上場企業の株式は市場で流通していますから，市場での流通価額があります。それが市場での株価になります。

　市場での株価は，一般的に，1株当たり簿価純資産額と同じにはなりません。**市場での株価は1株当たり簿価純資産額よりも高くなるのが普通**です。なぜならば，市場参加者は貸借対照表という会計帳簿から読み取れる

以上の価値も考慮して株価を決めているからです。

たかが会計帳簿にその企業の魅力のすべてが反映されているわけはありません。ある企業の株を買おうと思う人は，その企業の将来性，進出している市場，取引先，研究開発能力，経営者の資質などに魅力を感じてその企業の株を買おうと思うわけですが，これらの魅力はどれも会計帳簿には表れていません。

そのため，株式の実際の市場価額は，会計帳簿だけから算定される1株当たり簿価純資産額よりも高くなるのが普通なのです。その超過額は，市場が評価した無形のプレミアムに相当する価値と言えます（図表8-4）。

図表8-4　実際の株価には無形のプレミアムが乗っている

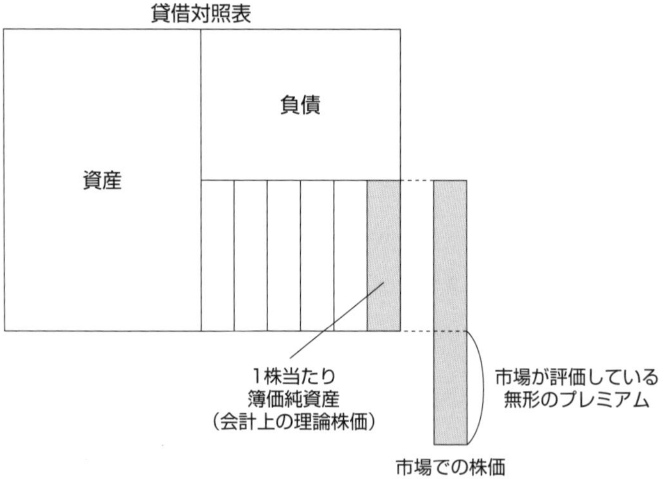

無形のプレミアムを評価するPBR

この無形のプレミアムがどの程度上乗せされているかを評価するのが，以下の**株価純資産倍率**（Price Book-Value Ratio: **PBR**）です。

$$PBR = \frac{株価}{1株当たり純資産}(倍) \tag{8.7}$$

$$= \frac{株価}{BPS}(倍)$$

$$PBS = \frac{純資産}{発行済株式数} \tag{8.8}$$

BPS: Book-Value Per Share（1株当たり純資産）

　市場の株価には無形のプレミアムが乗っている分，1株当たり純資産よりも大きくなりますから，PBRは1倍より大きいのが普通です。

　PBR＝1倍ならば，市場は会計帳簿以上の無形のプレミアムを何ら感じていないということです。この時点で，投資対象としての魅力はほとんどゼロです。

　もし，PBR<1倍ならば，市場はその企業に対して帳簿上の価格を下回るマイナス要因を感じているということです。

　なお，PBRの分子・分母に発行済株式数を掛ければ，PBRは次のように表現することもできます。

$$PBR = \frac{時価総額}{純資産}(倍) \tag{8.9}$$

$$時価総額 = 株価×発行済株式数 \tag{8.10}$$

コラム3　リーマン・ショックとPBR

　リーマン・ショック直後は，多数の企業のPBRが1倍を下回りました。これは市場のマインドが急速に冷え込んだことによってもたらされた，一時的な異常状態でした。

　企業の実態とは別の理由で一時的にPBRが低くなっている場合は，株価が割安になっているということですので，投資家にとっては買いどきです。

　それでも，リーマン・ショック直後はほぼ全銘柄に対して売りが集中して，株価が下がり続けました。それは，どこまで株価が下がるか分からない恐怖があったからです。

投資額の回収年数を表すPER

　もう1つ，株価水準を評価する指標に以下の**株価収益率**（Price Earnings Ratio：**PER**）があります。

$$\text{PER} = \frac{\text{株価}}{1\text{株当たり当期純利益}}(倍)$$

$$= \frac{\text{株価}}{\text{EPS}}(倍) \tag{8.11}$$

$$\text{EPS} = \frac{\text{当期純利益}}{\text{発行済株式数}} \tag{8.12}$$

EPS: Earnings Per Share（1株当たり当期純利益）

　先ほどのPBRは貸借対照表の純資産との比較で株価水準を見る指標でしたが，PERは損益計算書の利益との対比で株価水準を見る指標です。

　当期純利益は，配当されようが留保されようが，すべて株主に対する還元でした。ということは，1株当たり当期純利益は，1株当たりの年間還元額です。

　それで株価を割っていますから，**PERは投資額（＝株価）を何年で回収できるかという回収年数**を表していることになります。たとえば，「PER

208

が20倍」ということは、「今、その株を買ったら、20年間で回収できる」ということを意味しています。

　PERは証券会社などが好んで使う指標です。ただ、PBRにおける1倍のような明確な判断基準はありませんので、使いこなすにはPERに関する相場感が必要です。その企業の業種や上場している市場（東証1部やジャスダック）にもよりますが、だいたい20〜40倍というところでしょう。

　なお、PERの分子・分母に発行済株式数を掛ければ、PERは次のように表現することもできます。分子の時価総額は式（8.10）と同じです。

$$\text{PER} = \frac{\text{時価総額}}{\text{当期純利益}}（倍） \tag{8.13}$$

コラム4　ITバブル時の異常なPER

　2000年前後のITバブルの頃は、PERが100倍を超えるベンチャー企業も珍しくありませんでした。これは投資回収に100年以上かかるということです。生きている間に回収できない株にみんなが投資していたわけですから、やはり異常だったということです。

　上場前のベンチャー企業の場合は赤字であることも珍しくありません。赤字企業では当期純利益がマイナスになりますから、PERを計算しても意味がありません。そのような場合は、以下の**株価売上高倍率**（Price to Sales Ratio：PSR）という指標が使われることがあります。

$$\begin{aligned}\text{PSR} &= \frac{\text{株価}}{\text{1株当たり売上高}}（倍）\\[2mm] &= \frac{\text{時価総額}}{\text{売上高}}（倍）\end{aligned} \tag{8.14}$$

　この指標は、赤字会社であっても株価を何とか評価できるようにするために、無理やり考え出されたという側面があります。言い換えれば、赤字のベンチャー企業に投資することを正当化するために考え出された指標ともいえます。赤字企業に対して投資する妥当性は当然あり得ますが、その妥当性をPSRで評価するのは必ずしも容易ではありません。

4 株価と成長性

株価はどのように形成されるか

　株の市場価格は，結局は市場における需要と供給のバランスで決まります。ある企業の株を欲しいと思う人が多いと，供給よりも需要の方が超過します。そうなると，株式市場において株という商品が品薄状態になりますから，株の価格が上がっていくのです。

　では，人はどのような企業の株を欲しがるかというと，これから伸びそうな企業の株でしょう。これから伸びそうな企業は株価も上がっていくことが予想されますから，今のうちに買っておこうと多くの人が思うわけです。**「株価は将来の期待を現在に織り込んで形成される」**と言われることがあるのはそのためです。

　伸びそうな企業とは，成長率が高い企業です。したがって，**株価は成長率と相関性が高い**といえます。

ケーススタディ19 ファーストリテイリングの株価と成長率

　図表8-5はユニクロを展開するファーストリテイリングの売上高と株価の推移です。

　1999年度は，社会現象にもなった最初のフリースブームの年です。それと前後して，売上高は倍々ゲームで成長しています。

　それを先取りするかのように，PERとPBRはいずれもピークを迎えています。株価水準が非常に高いということです。

　一方，フリースブームが去った2001年度から売上高はマイナス成長になっています。そして，やはりそれを先取りするかのように，PERとPBRはいずれも

図表8-5　ファーストリテイリングの売上高と株価の推移

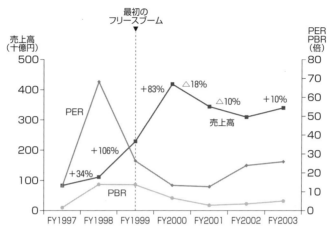

注：売上高の%は成長率

下降線をたどっています。

　正に，将来の期待を現在に織り込んで株価が形成されている様子が見て取れ
ます。

　ちなみに，売上高成長率がマイナスに転じた2001年度であっても，ROAは
26%もありました。平均的なROAは5%程度であり，10%を超えれば相当の
高収益企業です。収益性という点では，2001年度もいかに破格だったかが分か
るでしょう。

　それでも成長率のマイナスに反応して株価は下がるのです。株価と成長性と
の関連性の高さがよく分かる例です。

　なお，売上高成長率は以下のように計算します。

$$売上高成長率 \ = \ \frac{評価時の売上高－基準時の売上高}{基準時の売上高} \times 100（\%）　(8.15)$$

　成長率の計算は特に難しいことはありません。気を付けることがあるとすれば，
分母は評価時の値ではなく，基準時の値を使うことです。

5 EVA

EVAは利益

EVAはEconomic Value Addedの頭文字を取ったもので，日本語では**経済的付加価値**と言います。

一言で言えば，**EVAは利益**です。何かの率でも倍数でもなく，新たに考え出された利益です。

その定義式は以下の通りです。

$$EVA ＝ 税引後EBIT－累積投下資本 × WACC \qquad (8.16)$$

ここで，WACCはWeighted Average Cost of Capitalの略で，日本語では加重平均資本コストと言います。

税引後EBITという利益から何らかのコストを引いていますから，EVAが利益だということが分かるでしょう。

EVAは，米国のチェース・マンハッタン銀行にいたG・ベネット・スチュアート3世が考案した指標です。現在はベネットとその同僚であったジョエル・スターンが共同で設立したコンサルティング会社であるスターン・スチュアート社の登録商標になっています。

登録商標になっていることもあって，同種の指標を，名称を変えて使っている企業も多いようです。

前提となる資本コストの理解

EVAを理解する最大のカギは資本コストにあります。**資本コストとは，企業の資金調達に伴うコストです。**

企業にとっての資金調達先には，債権者と株主の2つがあります。それ

それから資金を調達する際のコストが資本コストです。**債権者に対する資本コストを負債コストといい，株主に対する資本コストを株主資本コスト**といいます。

「資本コスト」というのは企業の側から見た言い方です。資本コストの実態は，資金提供者の側から見た方がよく分かります。資金を提供する側から見れば，**資本コストとは資金提供に伴って企業に期待する利回り**です。

負債コストは，債権者が企業に求める期待利回りですから，要するに利息です。

一方，株主資本コストは，株主が求める期待利回りですから，配当と株価上昇益です。それを「株主資本コスト」と言うわけですが，**配当も株価上昇益も会計上はコストではありません。**配当は，すべての費用が控除された後の利益の分配ですし，株価に至っては市場で勝手に形成されるものですから，上がっても下がっても企業の財務諸表には直接的な影響はありません。**それでも，それを「コスト」というところがポイントです。**「株主からの期待である以上，企業にとっての1つの責務」というような意味で，「コスト」という言葉が使われているのです。

株主資本コストの理論値

資本コストのうち，負債コストは容易に知ることができます。負債コストは金利であり，債権者は資金を貸す際にその金利を明確に提示するからです。

それに対して，株主資本コストを知るのは容易ではありません。株主は，配当にしても株価にしても，期待している水準を明言しないからです。

そこで，株主資本コストは理論値に頼ることになります。よく使われるのは，資本資産価格モデル（Capital Asset Pricing Model: CAPM）という数学的なモデルに基づく式です。それによれば，株主資本コストr_Eは以下の一次式で表されます。

$$r_E = r_f + \beta(r_M - r_f) \tag{8.17}$$

r_f：リスク・フリー・レート

r_M：マーケット・レート

β：ベータ

リスク・フリー・レートは株式市場の変動に左右されない債券の利回りです。日本では10年物国債の利回りを使うのが一般的です。

マーケット・レートはその企業が属す市場の平均利回りです。東証一部上場の企業であれば，TOPIXの過去何年かの平均利回りを使うのが一般的です。

ベータは，株式市場全体の利回りが変化したときに，個別株式の利回りがどれだけ変化するかを表す係数です。全体の変化に対して個別企業がどれだけ反応するかを示す"感度係数"と言っていいでしょう。

式（8.17）において，βのみが企業固有のパラメータです。詳細はファイナンスの本に譲るとしてここでは割愛しますが，βは統計的な計算で求めます。計算期間が同じであれば，1つの企業に対してβは一意に決まりますので，金融情報を提供する企業などが計算したものを使うのが一般的です。

式（8.17）は，あくまでも単純化された数学的なモデルに基づく理論計算式ですので，いくつかの少々非現実的な仮定に基づいています。したがって，式（8.17）は実務上多用されるものの，計算結果をそのまま使うとは限りません。さまざまな調整をした上で使うこともよくされています。

加重平均資本コスト（WACC）

加重平均資本コスト（Weighted Average Cost of Capital：WACC）とは，株主資本コストと負債コストを加重平均して1つにまとめたものです。

具体的には以下のように計算します。

$$\text{WACC} = \frac{D}{D + E}(1 - T)r_D + \frac{E}{D + E}r_E \qquad (8.18)$$

r_D：負債コスト

r_E：株主資本コスト

D：有利子負債（時価）

E：株主資本（時価）

T：実効税率

何やら難しそうな式に見えるかもしれませんが，実は話は簡単です。具体例を使って説明しましょう。

今，債権者から200百万円，株主から100百万円を調達したとします。負債コストが2％，株主資本コストが8％だとすると，この企業は結局，200百万円×2％＋100百万円×8％＝12百万円の資本コストで，300百万円の資金を調達したことになります（図表8-6）。これを率で表せば，12百万円／300百万円×100＝4％となります。

これは，以下の計算をしたことになります。これがWACCです。

$$\frac{200百万円}{200百万円 + 100百万円} \times 2\% + \frac{100百万円}{200百万円 + 100百万円} \times 8\% = 4\%$$

図表8-6　加重平均資本コスト（WACC）

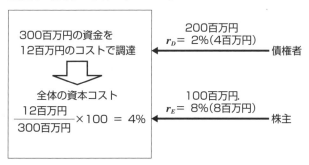

この例では省略しましたが，式（8.18）においては，負債コストr_Dにだけ（$1-T$）（Tは実効税率）が掛けられ，税引後になっています。その理由は，負債コストは支払利息なので，会計上も費用になり節税効果があるからです。節税効果分を控除することによって，企業の実質負担額にしているのです。

▌EVAの本質

資本コストの話が長くなりましたが，これでEVAの本質が分かるはずです。

あらためてEVAの式を再掲しましょう。

$$\text{EVA} = \text{税引後EBIT} - \text{累積投下資本} \times \text{WACC} \tag{8.16}$$

右辺の第2項目は投下資本にWACC，すなわち加重平均資本コストを掛けていますから，資本コストの総額になります。ということは，EVAは税引後のEBITから資本コストを引いたものになっているわけです。

一番のポイントは，資本コストの1つである株主資本コストは，会計上は費用ではないのに，EVAの計算上は費用として扱っているところです。

これも具体例で説明しましょう。

税引後EBITから負債コスト（＝支払利息）を控除すれば当期純利益になりますので，図表8-7において，当期純利益は60の黒字になります。制度的には，この60を原資として株主に配当します。全額配当すれば，株主に対して60の配当ができます。

従来の考え方では，「ちゃんと配当もできて，めでたしめでたし」かもしれません。しかし，株主にはあらかじめ期待しているリターン水準があるはずです。ただ配当すればいいというものではありません。配当しても，それが株主の期待に応えられていなければ，株主は満足しないはずです。

株主の期待リターン水準，すなわち株主資本コストが80だとすれば，60

図表8-7　制度に基づく株主へのリターン

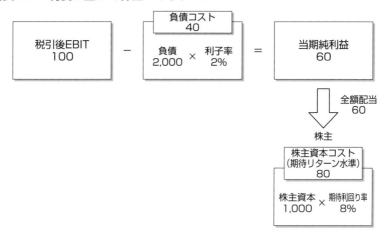

　の配当額はそれに達していません。これでは株主は満足しないはずです。満足しなければ，その株主はこの企業から去っていくでしょう。最終的には，誰もこの企業に投資してくれなくなります。

　このようなことになるのは，当期純利益という，すべての費用が引かれた"残りもの"から配当を支払っているからです。制度に忠実に従うと，株主への還元が一番後回しになってしまうのです。

株主に対するリターンを"コスト"として事前に織り込む

　ここでEVAを計算してみましょう。EVAでは株主資本コストを費用とみなしますから，EVAという利益は20の赤字になります（図表8-8）。これによって，企業は資金提供者の期待に応えていないことが明らかになります。

　制度的には債権者が優先されて，株主は後回しになります。したがって，十分な利益がない場合は，一方的に株主へのリターンが犠牲にされてしまいます。

　ところが，EVAという利益が赤字になれば，一方的に株主に対するリ

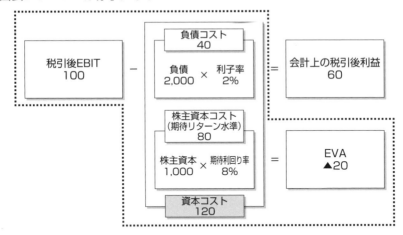

ターンを減らそうという発想にはならないでしょう。それ以前の税引後
EBITをもっと増やそうと考えるはずです。

　**EVAの最大のポイントは，会計上は費用ではない株主資本コストを費
用とみなして，事前に織り込んでいる点です。**それによって，**株主に対す
る経済的リターンが債権者と同列に扱われる**ようになっているのです。

　EVAが「株主重視の指標」と言われるのは，このためです。

EVAは単年度で切り取った企業価値

　EVAには興味深い性質があります。WACCを割引率とすると，**EVAの
割引現在価値はフリー・キャッシュ・フロー（FCF）の割引現在価値に一
致する**のです。

　WACCを割引率としたEVAの割引現在価値をMVA（Market Value
Added）といいます。一方，フリー・キャッシュ・フロー（FCF）を
WACCで割り引いた割引現在価値は企業価値です。企業価値は理論株価
を計算するベースとなるものです。

　式で表すと以下のようになります。

$$\underbrace{\sum_{n=1}^{\infty} \frac{EVA_n}{(1+WACC)^n}}_{\text{MVA}} = \underbrace{\sum_{n=1}^{\infty} \frac{FCF_n}{(1+WACC)^n}}_{\text{企業価値}} \qquad (8.19)$$

　この性質が面白いのは，EVAとフリー・キャッシュ・フローは全く異なるものであるのに，割引現在価値は一致するというところです。

　EVAの割引現在価値が企業価値に等しくなるということは，**企業価値を単年度で切り取るとEVAになる**ということです。したがって，EVAは「単年度当たりの企業価値」というような性質を持っているわけです。

　ということは，EVAを高めれば企業価値が上がり，ひいては株価も上がることが期待できるということです。

　EVAの割引現在価値が企業価値に等しくなるというこの性質も，EVAが株主重視の指標と言える理論的根拠になっています。

索　引

ま

ら

わ

【著者紹介】
金子 智朗 (かねこ ともあき)

コンサルタント，公認会計士，税理士

1965年生まれ。東京大学工学部卒業，同大学院修士課程修了。
日本航空（株）において情報システムの企画・開発に従事しながら公認会計士試験に合格後，プライスウォーターハウスクーパースコンサルタント（現・PwC コンサルティング）等を経て独立。
現在，ブライトワイズコンサルティング合同会社代表。

会計とITの専門性を活かしたコンサルティングを中心に，各種セミナーや企業研修も多数行っている。名古屋商科大学大学院ビジネススクール教授も務める。

『ケースで学ぶ管理会計』（同文舘出版），『新・会計図解事典』，『MBA 財務会計』（日経BP社），『「管理会計の基本」がすべてわかる本』（秀和システム），『管理会計がうまくいかない本当の理由』（日本経済新聞出版社），『合理性を超えた先にイノベーションは生まれる』（クロスメディア・パブリッシング）など著書多数。

ホームページ　http://www.brightwise.jp
　　　　　　　https://www.kaikeijiten.com（オンライン会計事典）

2020年7月15日　　初版発行　　　　　　　略称：ケース財務分析

理論とケースで学ぶ財務分析

著　者　ⓒ金　子　智　朗
発行者　　中　島　治　久

発行所　同文舘出版株式会社
東京都千代田区神田神保町1-41　　　　　　　　〒101-0051
電話　営業(03)3294-1801　　　　　　編集(03)3294-1803
振替　00100-8-42935　　　　　　　　http://www.dobunkan.co.jp

Printed in Japan 2020　　　　　　　　　　製版：一企画
　　　　　　　　　　　　　　　　印刷・製本：萩原印刷

ISBN978-4-495-21014-4

金子智朗 著

A5判　258頁
定価（本体1,900円＋税）

同文舘出版株式会社